Dampfgaren Kochbuch

120 leckere Rezepte für eine gesunde und zeitsparende Zubereitung mit den Dampfgarer

Matthias Krug

W0198544

Haftungsausschluss

Auch wenn der Inhalt mit großer Sorgfalt geprüft und erstellt wurde, kann für die Richtigkeit und Gültigkeit keine Garantie übernommen werden. Der Inhalt mit den entsprechenden Informationen in diesem Buch dient nur dem Unterhaltungszweck. Das Buch ist nicht dazu bestimmt in irgendeiner Form einen medizinischen oder professionellen Rat zu ersetzen. Der Autor haftet nicht für eventuelle Schäden oder nachhaltige Auswirkungen, die in direktem oder indirektem Zusammenhang mit den Inhalten dieses Buches stehen.

1. Auflage 2018
Copyright © Matthias Krug
vertreten durch: Stanislaw Tomczyk
Parisstr. 8, 37079 Göttingen
Alle Rechte vorbehalten
Herstellung und Druck: CreateSpace
Covergestaltung: creativelog

ISBN-13: 978-1985849648

Inhaltsverzeichnis

Fisch Gerichte

Fleisch Gerichte

Vorwort

Ich freue mich sehr darüber, dass du dich für dieses Buch entschieden hast! Du hast dich sicherlich nicht ohne Grund für ein Buch über das Thema Dampfgaren entschieden und ich freue mich mein Wissen rund um das Thema Dampfgaren mit dir teilen zu dürfen!

Das Dampfgaren erfreut sich in unseren Breitengraden seit einiger Zeit großer Beliebtheit an und das aus gutem Grund – die Gerichte schmecken fantastisch! Allerdings ist diese Form der Zubereitung eigentlich kein neuer Trend, sondern stammt aus der asiatischen Tradition, wo die Methode des Dampfgarens schon seit tausenden Jahren genutzt wird. Traditionell werden zum Dampfgaren feine Bambustöpfe benutzt, aber mittlerweile gibt es auch raffinierte Dampfgarer. Was ist das Besondere an dieser Garmethode? Die Speisen werden mithilfe von Wasserdampf schonend gegart, sodass alle für uns so wichtigen Nährstoffe bei der Zubereitung erhalten bleiben. All die verschiedenen Farben des köstlichen Gemüses bleiben strahlend und sorgen für Farbenvielfalt auf dem Teller. Die Gerichte stecken also nicht nur voller Farbe, Nährstoffe und Geschmack, sondern sind dabei auch noch schön anzusehen.

Dass du Kartoffeln und Gemüse dampfgaren kannst, weißt du sicher. Aber wusstest du auch, dass du Bruschetta, gefüllte Kartoffeln, mediterrane gedämpfte Hühnerkeulen, Forellenfilet, Gemüselasagne oder Schoko-Desserts auf diese Weise zubereiten kannst? Dabei lassen sich natürlich in einem modernen Kombi-Dampfgarer mehr Rezepte zubereiten, als in einem einfachen Dampfgargerät. Dennoch wirst Du in diesem Kochbuch genug Rezepte finden, die sich wunderbar in einem einfachen Dampfgarer, oder anderen Dampfgarmethoden zubereiten lassen.

Ich habe schon viele verschiedene Dampfgarer getestet und schon unglaublich viele Rezeptideen ausprobiert. Die besten Rezeptideen teile ich mit dir und hoffe, dass sie dir genauso gut schmecken wie mir und deinen kulinarischen Alltag aufpeppen! Probiere doch mal panierte Zwiebelringe mit Guacamole, Bananenbrot oder Schoko-Soufflé aus!

Lass dich in eine neue und aufregende kulinarische Welt entführen, entdecke die Vorteile des Dampfgarens und genieße die Köstlichkeiten!

Ich wünsche dir viel Spaß beim Ausprobieren, Nachkochen und natürlich Naschen!

Die Vorteile des Dampfgarens

Beginnen wir mit den offensichtlichen Vorteilen des Dampfgarers an sich: Freistehende Dampfgarer sind klein und praktisch. Sie nehmen dir nicht unnötig viel Platz in der Küche weg und wenn du ein hübsches Modell wählst, dann hast du sogar einen neuen Hingucker in deiner Küche! Oder aber du nutzt ein Sieb als Einsatz für einen normalen Topf und schon kannst du ganz minimalistisch auf deinem Herd dampfgaren. Im nächsten Kapitel erfährst du noch mehr über die vielen verschiedenen Möglichkeiten des Dampfgarens.

Was ich persönlich im Kochalltag super finde ist, dass die Dampfgarer keine lange Vorwärmzeit wie der Backofen oder ähnliches benötigen und ich in der Regel sofort mit dem Kochen starten kann, das bedeutet für mich, weniger Energiekosten!

Ein weiterer Punkt, der mich Abwasch-Faulen begeistert ist, dass ich das Gerät in Einzelteile zerlegt in der Spülmaschine reinigen kann. Das ist wirklich kein Vergleich zu dem Schrubben eines Backofeninnenraums oder von eingebrannten Resten in Pfannen, Töpfen oder Auflaufformen. Bleiben wir beim Thema Abwasch. Wie viele Pfannen, Töpfe und Utensilien wäscht du nach jedem Kochvorgang ab? Ein Dampfgarer bietet dir unglaublich viele Möglichkeiten der Zubereitung und kommt dazu ganz ohne viele schmutzige Pfannen und Töpfe aus. Im Dampfgarer können sogar mehrere Speisen gleichzeitig zubereitet werden, was nicht nur Zeit, sondern auch Energie spart. Super praktisch für einen erfüllten Alltag, dem noch die perfekten gesunden Speisen fehlen!

Der Vorteil eines Dampfgarers gegenüber anderen Zubereitungsmethoden ist, dass du beim Dampfgaren nur sehr wenig oder sogar gar kein Öl benötigst. Das ist nicht nur gesünder, sondern erspart dir auch einiges an Abwascharbeit und unangenehme Gerüche von kaltem Fett!

Nun der für mich ausschlaggebende Vorteil: Ich muss nicht neben meinem Steak stehen bleiben, ich muss nicht darauf achten ob die Milch überkocht und ich muss auch nicht ständig umrühren, durch die Methode des Dampfgarens ist der Kochvorgang schonend, sicher und lässt mir genügend Zeit, um in Ruhe den Tisch zu decken, mich umzuziehen oder ähnliches! Du kannst den Kochvorgang jederzeit durch den transparenten Deckel beobachten und dich dabei auf deine köstlichen Gerichte freuen. Für jeden, der sich gesund ernähren möchte und gleichzeitig nicht den ganzen Tag Zeit hat am Herd zu stehen, ist das Dampfgaren eine ideale Möglichkeit, stressfrei gesunde Gerichte auf viele verschiedene Arten und Weisen zu zaubern. Überwiegend werden die Gerichte im Dampfgarer bei 100°C zubereitet, das macht das Kochen mit dem Dampfgarer kinderleicht und du kannst deiner Kreativität freien Lauf lassen!

Die wenigsten wissen, dass sich im Dampfgarer nicht nur Hauptspeisen, sondern auch Vorspeisen, Suppen und sogar süße Desserts zubereiten lassen. Ein Dampfgarer ist also vielseitig einsetzbar und erleichtert dir nicht nur bei den Hauptspeisen die Kocharbeit, sondern zu jeder Tageszeit. Ein Dampfgarer ist ein Multifunktionsgerät!

Lass uns nun über die gesundheitlichen Vorteile des Dampfgarens sprechen. Wie du schon weißt, benötigt ein Dampfgarer nur sehr wenig oder gar kein Öl, da die Lebensmittel durch die Zirkulation von heißem Wasserdampf gegart werden. Beim starken Erhitzen von Fetten oder Ölen entstehen krebserregende Stoffe wie Acrylamid. Ganz nebenbei ist der Verzehr von übermäßig viel Fett oder Öl für den Cholesterinspiegel nicht unbedingt gut. Übrigens enthalten die fertigen Gerichte auch nicht so viele Kalorien, wenn sie mit weniger Fett und Öl zubereitet werden – wer also ein wenig abnehmen möchte, kann sich diesen Vorteil zu Nutze machen! Denn im Dampfgarer lassen sich fettarme und dennoch köstliche Speisen kreieren.

Durch die Methode des Dampfgarens bleiben lebenswichtige Nährstoffe wie Vitamine und Mineralien in den Lebensmitteln erhalten. Das erkennst du auch daran, dass die Lebensmittel ihre leuchtenden Farben beim Garvorgang behalten und auch nach dem Garen noch schön knackig und nicht labbrig oder zusammengefallen sind. Da das Auge mitisst, macht das Essen hier gleich doppelt so viel Spaß!

Falls du noch keine Gerichte aus einem Dampfgarer kosten konntest, verrate ich dir jetzt, dass die Gerichte auch geschmacklich unglaublich sind! Sie stecken also nicht nur voller Farbe, Vitamine und Mineralien, sondern auch voller Geschmack! Die Lebensmittel behalten durch die schonende Zubereitung mit dem Wasserdampf ihre Textur und Konsistenz. Egal ob Brot, Brötchen, Pizzabrötchen, Fleischspieße, Eintöpfe, Meeresgemüse, Quiche, Ratatouille, Reisgerichte, Gemüsepfannen, Fisch, Hackbällchen, Muffins, Schnitzel, Zwiebelringe oder Chili con Carne – in einem Dampfgarer kannst du quasi jedes Gericht zubereiten, aber mit weniger Zeitaufwand, mehr Nährstoffen und eindeutig mehr Geschmack. Falls du gerne kulinarische Experimente wagst, kannst du das Wasser im Dampfgarer mit verschiedenen Aromen verfeinern und so den Geschmack der Speisen noch besser zur Geltung bringen. Wie wäre es mit ein wenig Zitrone beim Dampfgaren von Fisch? Oder eine Prise Currypulver beim Dampfgaren von asiatischem Gemüse? Dadurch, dass die Speisen durch das Dampfgaren viel intensiver schmecken, kannst du auch auf Wunsch auf die meisten Gewürze verzichten.

Für Menschen mit einem empfindlichen Magen sind das gute Nachrichten, denn der Verzicht auf Fett und viele Gewürze macht die Speisen bekömmlicher und besser verdaulich. Auch für Babys oder Kleinkinder sind im Dampfgarer zubereitete Speisen toll, da sie mit wenig Salz und Fett auskommen und natürlich nährstoffreich sind. Wenn du also qualitativ hochwertigen, nährstoffreichen und köstlich schmeckenden Babybrei selbst herstellen möchtest, dann kannst du die Zutaten wie Obst oder Gemüse für den Brei im Dampfgarer garen. In Zeiten von 40-Stunden Wochen, weiteren zeitraubenden Verpflichtungen und zunehmendem Einzug von Fast Food in unsere Kühlschränke ist die Methode des Dampfgarens ein rettender Anker für unsere Gesundheit. Durch gesunde Speisen versorgst du deinen Körper ausreichend mit lebenswichtigen Vitaminen und Mineralien und stärkst dadurch dein Immunsystem. Stell dir vor wie viel mehr Vitamine und Mineralien du durch die schonende Dampfgarung zu dir nimmst und wie sehr dein Körper es lieben wird!

Welche Arten des Dampfgarens gibt es?

Nun fragst du dich sicherlich welche verschiedenen Arten des Dampfgarens es gibt und welche Methode die Richtige für dich ist! Kein Problem, lass uns einen Blick auf die verschiedenen Methoden des Dampfgarens werfen – denn auch hier sind die Möglichkeiten vielfältig!

Zunächst einmal eine einfache Version des Dampfgarens: Im Kochtopf dämpfen. Dazu benötigst du kein extra Gerät, sondern einfach nur einen Topf mit einem gut schließenden Deckel und einen in den Topf passenden Siebaufsatz. Du gibst zum Dampfgaren im Topf so viel Wasser in den Topf, dass der Boden bedeckt ist, aber das Sieb nicht mit dem Wasser in Berührung kommt. Sobald das Wasser kocht, gibst du Gemüse, Knödel, Fleisch oder andere Lebensmittel in den Siebaufsatz wo sie dann durch den zirkulierenden Wasserdampf garen, natürlich ohne ihre Aromen, Salze, Nährstoffe oder Spurenelemente zu verlieren. Hier ist es wichtig darauf zu achten, dass die Garzeit sich gegenüber dem traditionellen Kochen verlängert, da die Lebensmittel nicht unmittelbar mit dem kochenden Wasser in Berührung kommen, sondern mit dem schnell abkühlenden Wasserdampf, der nur unmittelbar über dem Wasser eine Temperatur von 100°C hat. Ein Tipp für diese Garmethode: Das Gemüse erst nach dem Dämpfen salzen!

Eine weitere praktische Methode ist der Schnellkochtopf, der natürlich eine spezielle Anschaffung ist. Das Dampfgaren im Schnellkochtopf funktioniert ganz ähnlich wie das Dampfgaren im Topf mit Siebeinsatz: Zunächst wird eine bestimmte auf den Schnellkochtopf abgestimmte Menge Wasser in den Schnellkochtopf gegeben und die Lebensmittel befinden sich in einem Siebeinsatz wo sie durch den aufsteigenden Wasserdampf schonend gegart werden. Der große Unterschied ist aber der, dass die Luft im inneren des Schnellkochtopfs nur über ein im Deckel eingebautes Sicherheitsdruckventil entweichen kann und dementsprechend Druck im Schnellkochtopf entsteht. Das führt dazu, dass die Luft im inneren des Schnellkochtopfs wesentlich wärmer ist als im normalen Kochtopf beim Dampfgaren und die Speisen dadurch schneller gar werden. Die Garzeiten sind also kürzer, die Temperatur höher und das begünstigt die beschleunigte Lockerung der Zellfasern der Lebensmittel.

Die nächste Methode, die ich dir vorstellen möchte, ist das Dampfgaren im Backofen. Diese Methode kennt wahrscheinlich deine Großmutter! Aber aufgepasst – für das Dampfgaren im Backofen eigenen sich nur Geräte mit einem Innenraum aus Edelstahl, da emaillierte Backofen leicht rosten können. Ein Nachteil dieser Methode ist, dass sich durch das Dampfgaren Kalk im Backofeninnenraum ablagern kann, der nur mühsam zu entfernen ist. Der Trick ist hier, dass das Wasser natürlich nicht direkt in den Backofen gegeben wird, sondern in einer hitzebeständigen Schüssel zu den Lebensmitteln in den Backofen gegeben wird. So werden die Lebensmittel beschwadet und mit extra Feuchtigkeit versorgt.

Mittlerweile gibt es auch immer mehr Backöfen für den Haushaltsgebraucht, die eine eingebaute Funktion zum „beschwaden“ oder dampfgaren haben. Diese Funktion kann manuell zugeschaltet werden.

Neben der Möglichkeit im Backofen oder im Topf mit Dampf zu garen, gibt es natürlich die immer beliebter werdenden und äußerst praktischen elektrischen Dampfgargeräte. Diese Geräte verfügen über passende Einsätze, wodurch es sogar möglich ist mehrere Gerichte auf einmal zu garen. Das Prinzip ist selbstverständlich unverändert: Im Boden des Geräts befindet sich eine Heizquelle, die das hineingegebene Wasser erhitzt. Über dem kochenden Wasser können mehrere gelochte Einsätze platziert werden in denen die Lebensmittel durch den zirkulierenden Wasserdampf garen. Aber anders als beim Schnellkochtopf funktioniert dieses System ohne Druck! Dementsprechend gleichen die Kochzeiten dem Dampfgaren im herkömmlichen Kochtopf, da der Wasserdampf nur knapp über dem kochenden Wasser volle 100°C hat und die Lebensmittel so nur langsam gegart werden. Logischerweise garen die Lebensmittel in den zu oberst platzierten Garschalen langsamer, als die Lebensmittel in den direkt über dem kochenden Wasser platzierten Garschalen. Dieses Prinzip kann für das gleichzeitige Garen von Lebensmittel mit verschiedener Gardauer genutzt werden.

Neben den mobilen Möglichkeiten in Form von Kochtöpfen und elektrischen Dampfgargeräten, gibt es natürlich auch fest eingebaute Dampfgeräte. Da dies eine recht kostenintensive Anschaffung ist, lohnt sie sich nur für Großküchen oder echte Dampfgar-Fans. Es gibt fest installierte Dampfgarer mit Dampfeinspeisung für eine immerwährend gleichmäßige Temperatur zur Verkürzung der

Garzeit. Diese recht voluminösen Geräte bieten selbstverständlich auch die Möglichkeit mehrere Speisen zur gleichen Zeit zuzubereiten – durch mehrere Ebenen, mehrfache Einsätze und einen großen Innenraum. Fest installierte Geräte verfügen meist über einen Festwasseranschluss und Kraftanschluss. Manche dieser Geräte arbeiten zusätzlich mit Druck, wodurch die Temperatur des Wasserdampfs auf bis zu 120°C steigt. So wird die Garzeit verkürzt! Diese festangeschlossenen Geräte müssen aufgrund ihres Festwasseranschlusses auch nicht aufwändig gereinigt werden: Das Restwasser wird einfach abgepumpt.

Die Methode des Dampfgarens, die ich vor allen anderen Methoden bevorzuge ist, das Dampfgaren mit einem traditionell asiatischen Bambustopf. Diese Bambustöpfe gibt es in verschiedenen Größen und auch mit Einlegeböden aus Metall. Sie bestehen aus einer unteren Schale in die die Lebensmittel gelegt werden und die mit Ritzen oder Löchern ausgestattet ist durch die der Wasserdampf eindringen kann. Darauf kommt ein aus Bambus geflochtener Deckel. Dieser Bambuskorb wird in einen Topf mit kochendem oder sehr heißem Wasser gegeben. Was dann passiert ist kein Geheimnis mehr – die Lebensmittel werden durch den Wasserdampf gegart. Die Bambustöpfe kannst du in jedem Asia-Laden oder im Internet erhalten. Du kannst natürlich nicht nur diese köstlichen chinesischen Dim Sum (gefüllte Teigtaschen) in den Bambustöpfen zubereiten, sondern auch europäische Kreationen oder deine individuellen Köstlichkeiten.

Allgemein ist das Dampfgaren eine einfache und gesunde Methode der Lebensmittelzubereitung, allerdings ist es auch möglich sich an heißem Wasserdampf zu verbrennen – hier ist also Vorsicht beim Öffnen der Geräte/Töpfe angeraten! Dies ist eine nicht zu unterschätzende Gefahr.

Tipps und Tricks zum Dampfgaren

Auch wenn dein Dampfgarer mit nicht so viel Extra-Equipment wie einem Einsatz fürs Brotbacken oder einem Frittiereinsatz ausgestattet ist, kannst du mit ein wenig Experimentierfreude dennoch deinen Braten oder dein Brot im Dampfgarer zubereiten. Du kannst beispielsweise einen Einsatz mit Backpapier auslegen und darin dein Brot oder deinen Braten in einer hitzebeständigen Form zubereiten (lassen).

Mein persönlicher Tipp für die Reinigung: Nutze ein sanftes und schonendes Spülmittel oder aber auch einfach ein weiches Tuch und warmes Wasser. Dein Dampfgarer ist vermutlich mit einer speziellen Beschichtung ausgestattet, die sehr empfindlich ist und sich nicht lösen sollte. Einerseits, weil sie dafür sorgt, dass deine Gerichte nicht haften bleiben und andererseits, weil sich in der losgelösten Beschichtung ungesunde Stoffe verstecken, die nichts in deinen Mahlzeiten verloren haben. Vor jeder Reinigung solltest du das Gerät einige Minuten lang abkühlen lassen, um dich nicht zu verbrennen. Wenn du deinen Dampfgarer möglichst rasch nach dem Einsatz reinigst, ist die Reinigung super leicht. Die meisten Dampfgarer kannst du auch auseinandergebaut im Geschirrspüler reinigen. Achte darauf, dass sich in Ritzen und Ecken keine Essensreste ansammeln, die sind mit fortschreitender Zeit schwieriger zu entfernen und geben zudem ein unangenehmes Aroma ab.

Beim Garen mit Wasserdampf kann es durchaus zum Übergaren der Speisen kommen. Deswegen ist es wichtig darauf zu achten, die Wassertemperatur exakt einzustellen und möglichst nicht zu tief oder zu hoch. Mit ein wenig Übung und einigen guten Rezepten ist das aber kein Problem.

Ein extra Tipp zur Zubereitung von Geflügel: Pökel dein Geflügel vor dem Dampfgaren in einer 5%-Salzlösung. So wird dem Geflügel Wasser entzogen und das Risiko des Verwässerns während des Garvorgangs mit Wasserdampf wird minimiert.

Damit die Lebensmittel beim Dampfgaren zur gleichen Zeit gar sind, empfiehlt es sich wie beim herkömmlichen Kochen die Lebensmittel in möglichst gleichgroße Stücke zu schneiden. So vermeidest du, dass die eine Hälfte deiner Möhren schon gar ist, während die andere Hälfte deiner Möhren noch halb roh ist.

Wenn du ein wenig mit dem Aroma des Wasserdampfs experimentieren möchtest, kannst du Fond, Brühe, ganze Stangen verschiedener Kräuter, Gewürze, Sherry, Zitronenscheiben oder grünen Tee ins Wasser geben. Oder du gibst einen Teelöffel rotes oder grünes Pesto zu deinem Gargut dazu – Pesto enthält nicht nur viele köstliche Aromen, sondern auch Öl, was deinen Gerichten einen intensiveren Geschmack verleiht. Um beim Dampfgaren wirklich köstliches Fleisch zu zaubern, kannst du es vor dem Dampfgaren kurz scharf anbraten. So entsteht eine leichte Kruste, während das innere Fleisch beim Dampfgaren wunderbar zart wird!

Ein weiterer Trick für noch mehr Aroma ist die Lebensmittel in Bananenblätter oder Kohlblätter einzuwickeln. Dieser Trick stammt aus dem asiatischen Raum, genauso wie die schon zuvor erwähnten Bambuskörbe. In asiatischen Ländern wirst du oftmals an Straßenständen oder in kleinen Restaurants kleine in Bananenblätter eingewickelte Portionen erhalten – das sieht nicht nur unglaublich schön aus, sondern schmeckt auch fantastisch und gibt deinen Speisen einen exotischen Touch!

Du möchtest gefrorene Lebensmittel auftauen oder bereits gekochte Speisen erwärmen? Kein Problem, denn gefrorene Lebensmittel kannst du ohne vorheriges Auftauen direkt durch Dampfgaren zubereiten und bereits gekochte Speisen kannst du durch die Methode des Dampfgarens erwärmen ohne dass sie austrocknen! Beim Aufwärmen oder Zubereiten von festen Lebensmitteln wie Reis, Nudeln oder auch Saucengerichten, empfiehlt sich ein geschlossener Einsatz, indem du ein klein wenig Wasser dazu gibst – so bleibt nichts hart oder trocknet ein!

Ein Fehler, der Einsteigern häufig unterläuft, ist zu wenig Wasser in den Topf oder den Dampfgarer zu geben. Falls zu wenig Wasser zum Garen vorhanden ist, musst du weiteres Wasser hinzugeben, aber beim Öffnen des Deckels entweicht der Wasserdampf, was zur Verlängerung der Kochzeit führt. Es ist also wichtig darauf zu achten von Anfang an genügend Flüssigkeit hineinzugeben. Bei Lebensmitteln, die eine längere Garzeit als 40 Minuten haben, muss in den meisten Fällen weiteres Wasser oder Flüssigkeit während des Garvorgangs hinzugefügt werden. In den allermeisten Fällen findest du die passenden Angaben für das jeweilige Gericht im Rezept, aber wenn du vielleicht selbst kreativ werden und deine eigenen phantasievollen Rezepte testen möchtest, überlege dir, anhand dir bereits bekannter Garzeiten, die für dein individuelles Gericht passenden Garzeiten. In der Regel wird das Wasser einmal zum Kochen gebracht und danach wird bei mittlerer Hitze weitergegart. Für die Zirkulation des Wasserdampfs ist es wichtig, dass die Lebensmittel und Einsätze nicht zu dicht aneinander liegen oder stehen. Falls der Wasserdampf nicht ausreichend zirkulieren kann, werden die Lebensmittel möglicherweise nicht gleichmäßig gar.

Du weißt jetzt genug über den theoretischen Teil des Dampfgarens, jetzt geht es an die Praxis!

Vorspeisen

Knusprige Zwiebelringe mit Guacamole

Zubereitungszeit: 25 Minuten
Portionen: 2
Nährwerte pro Portion: 483 kcal, 90 g Kohlenhydrate, 16 g Eiweiß, 33,5 g Fett

Zutaten:

- 150 g Vollkornmehl
- 50 g Paniermehl
- 2 Zwiebeln
- 1 Avocado
- 1 Ei
- ½ TL Backpulver
- ½ TL Meersalz
- Pfeffer, Paprikapulver, Knoblauchpulver
- Etwas Zitronensaft

Zubereitung:

1. Schäle die Zwiebeln und schneide sie in feine Ringe.
2. Mische in einer Schüssel das Mehl mit dem Salz und dem Backpulver.
3. Schlage auf einem Teller das Ei auf und würze es mit Pfeffer und Paprikapulver.
4. Gebe das Paniermehl in eine weitere Schüssel.
5. Nun gibst du die Zwiebelringe zunächst in die Mehlmischung, dann in die Eimischung und als letzten Schritt in das Paniermehl.
6. Die panierten Zwiebelringe gibst du für 20 Minuten bei 100°C in den Dampfgarer.
7. In der Zwischenzeit mischst du das Fruchtfleisch der Avocado mit etwas Salz, dem Knoblauchpulver und Zitronensaft nach Belieben. Mische solange, bis der Dip eine cremige Konsistenz hat.
8. Serviere die fertigen Zwiebelringe mit der Guacamole.

Möhren mit Rosmarin und Kräuterquark

Zubereitungszeit: 20 Minuten
Portionen: 2
Nährwerte pro Portion: 194 kcal, 9 g Kohlenhydrate, 7 g Eiweiß, 13 g Fett

Zutaten:

- 4 Möhren
- 1 EL Olivenöl
- 4 EL Kräuterquark
- Etwas Rosmarin, gehackt
- Eine Prise Salz

Zubereitung:

1. Schäle die Möhren und schneide sie in Streifen.
2. Gebe sie mit dem Öl für 20 Minuten bei 100°C in den Dampfgarer.
3. Gebe in den letzten 5 Minuten das Rosmarin dazu.
4. Schmecke die fertig gegarten Möhren mit Salz ab und serviere sie mit dem Kräuterquark.

Bananenbrot mit Cashewnüssen

Zubereitungszeit: 60 Minuten
Portionen: 2
Nährwerte pro Portion: 535 kcal, 60 g Kohlenhydrate, 4,6 g Eiweiß, 25,1 g Fett

Zutaten:

- 100 g Vollkornmehl
- 50 ml Milch
- 50 g Rohrzucker
- 1 reife Banane
- 25 g Cashewkerne, gehackt
- 2 EL Kokosöl
- 1 Ei
- ½ TL Apfelessig
- ¼ TL Backpulver
- ¼ TL Muskatnuss
- Eine kleine Backform

Zubereitung:

1. Vermenge die Banane mit dem Kokosöl und dem Zucker.
2. Mische anschließend das Backpulver, das Muskat, das Salz, ¼ des Mehls und die Milch unter.
3. Vermenge in einer zweiten Schüssel das Ei mit dem restlichen Mehl und gebe die Mischung unter deine erste Mischung.
4. Sobald der Teig sämig geknetet ist, gibst du ihn in eine eingefettete Backform und anschließend für mindestens 45 Minuten bei 100°C in den Dampfgarer.
5. Das Brot nach dem Garen unbedingt abkühlen lassen und dann erst stürzen!

Gefüllte Champignons

Zubereitungszeit: 20 Minuten
Portionen: 2
Nährwerte pro Portion: 144,3 kcal, 1,8 g Kohlenhydrate, 17,2 g Eiweiß, 7,7 g Fett

Zutaten:

- 200 g Champignons
- 100 g gekochter Schinken
- 100 g geriebener Käse
- 2 EL Creme Fraiche
- 1 EL gemischte Kräuter
- Eine Prise Salz
- Eine Prise Pfeffer

Zubereitung:

1. Entferne den Stil der Champignons.
2. Schneide den Schinken in kleine Stücke und vermische ihn mit den restlichen Zutaten zu einer gleichmäßigen Masse.
3. Gebe die Masse in die Champignons.
4. Gare die gefüllten Champignons 15 Minuten bei 100°C im Dampfgarer.

Gerösteter Spargel

Zubereitungszeit: 20 Minuten
Portionen: 2
Nährwerte pro Portion: 157 kcal, 7,2 g Kohlenhydrate, 1,8 g Eiweiß, 15 g Fett

Zutaten:

- 250 g weißer Spargel
- 2 EL Olivenöl
- 2 EL geriebener Parmesan
- 2 TL gemischte Kräuter

Zubereitung:

1. Schäle den Spargel und schneide die harten Enden ab.
2. Vermische die restlichen Zutaten in einer Schüssel und gebe den Spargel hinzu.
3. Achte darauf, dass der Spargel gänzlich mit der Mischung bedeckt ist.
4. Gebe den Spargel mindestens für 15 Minuten bei 100°C in den Dampfgarer.

Gefüllte Paprika mit Käse und Tomaten

Zubereitungszeit: 25 Minuten
Portionen: 2
Nährwerte pro Portion: 245,8 kcal, 5,2 g Kohlenhydrate, 19,8 g Eiweiß, 20 g Fett

Zutaten:

- 100 g Käse nach Wahl (gerieben)
- 50 g getrocknete Tomaten (abgetropft)
- 1 Paprika
- 1 Knoblauchzehe
- Eine Prise Salz

Zubereitung:

1. Schneide die Paprika in zwei Hälften durch und höhle sie aus.
2. Mische anschließend die gehackte Knoblauchzehe mit dem geriebenen Käse, dem Salz und den klein gehackten getrockneten Tomaten.
3. Gebe die Mischung in die Paprikahälften und gebe diese anschließend für 20 Minuten bei 100°C in den Dampfgarer.

Tortillas mit Käse-Mais Füllung

Zubereitungszeit: 20 Minuten
Portionen: 2
Nährwerte pro Portion: 257 kcal, 8,9 g Kohlenhydrate, 8,7 g Eiweiß, 19,4 g Fett

Zutaten:

- 2 Mais-Tortillas
- 50 g Mais aus der Dose
- 50 g geriebener Käse
- 2 EL Creme Fraiche
- 1 EL Olivenöl
- 1 EL gemischte Kräuter
- Eine Prise Salz
- Eine Prise Cayennepfeffer

Zubereitung:

1. Bestreiche die Tortillas mit dem Öl.
2. Vermenge die restlichen Zutaten zu einer sämigen Masse, gebe sie in die Tortillas und Rolle sie vorsichtig zusammen.
3. Gebe die gefüllten Tortillas für 10 Minuten bei 100°C in den Dampfgarer.

Bruschetta mit Knoblauch

Zubereitungszeit: 10 Minuten
Portionen: 2
Nährwerte pro Portion: 135 kcal, 119 g Kohlenhydrate, 4 g Eiweiß, 5 g Fett

Zutaten:

- 1 Baguette oder 5 Brötchen
- 2 EL Butter
- 3 EL gemischte Kräuter
- 2 Knoblauchzehen
- Eine Prise Salz

Zubereitung:

1. Schneide das Baguette in Scheiben/die Brötchen in Viertel.
2. Presse den Knoblauch und vermische ihn mit den restlichen Zutaten.
3. Röste die Brotscheiben für 5 Minuten bei 180°C im Dampfgarer.
4. Bestreiche anschließend das Brot von einer Seite mit der Gewürzmischung.

Ei-Muffins

Zubereitungszeit: 30 Minuten
Portionen: 2
Nährwerte pro Portion: 146,5 kcal, 23,9 g Kohlenhydrate, 8,5 g Eiweiß, 1,8 g Fett

Zutaten:

- 300 g frischer Spinat
- 1 Möhre, geraspelt
- 1 kleine Zwiebel
- 3 EL Paniermehl
- 1 Ei
- 2 TL Vollkornmehl
- ½ TL Knoblauchpulver
- Eine Prise Meersalz
- Eine Prise Pfeffer

Zubereitung:

1. Hacke das Gemüse in kleine Stücke.
2. Vermische die restlichen Zutaten zu einer sämigen Masse und gebe das Gemüse dazu.
3. Forme aus der Masse kleine Bälle und gebe diese für ungefähr 20 Minuten bei 100°C in den Dampfgarer.

Scharfe Nüsschen

Zubereitungszeit: 15 Minuten
Portionen: 2
Nährwerte pro Portion: 410 kcal, 31 g Kohlenhydrate, 20,3 g Eiweiß, 75 g Fett

Zutaten:

- 250 g Cashewnüsse
- 2 EL Olivenöl
- ½ TL Salz
- ½ TL Currypulver
- ½ TL Paprikapulver
- Eine Prise Cayennepfeffer

Zubereitung:

1. Mische das Öl mit den Gewürzen und gebe anschließend die Nüsse zu der Mischung.
2. Sorge dafür, dass die Nüsse gänzlich mit der Gewürzpaste bedeckt sind.
3. Gebe die Nüsse für 10 Minuten bei 100°C in den Dampfgarer.

Suppen

Klassische Minestrone

Zubereitungszeit: 25 Minuten
Portionen: 2
Nährwerte pro Portion: 270 kcal, 33 g Kohlenhydrate, 15 g Eiweiß, 8,5 g Fett

Zutaten:

- 100 g Kartoffeln
- 100 g Möhren
- 50 g Erbsen
- 50 g Parmesan
- 20 g Suppennudeln
- 1 Zwiebel
- ½ Zucchini
- ½ rote Paprika
- 1 l Gemüsebrühe
- 2 EL gemischte Kräuter
- 1 EL Tomatenmark
- Eine Prise Pfeffer

Zubereitung:

1. Die Möhren schälen und Kartoffel schälen.
2. Anschließend die Möhren, die Kartoffeln, die Zwiebel, die Zucchini und die Paprika in mundgerechte Stücke schneiden.
3. Alle Zutaten bis auf die Kräuter und den Parmesan für 15 Minuten bei 100°C garen.
4. Die fertige Suppe mit Parmesan und Kräutern garnieren.

Spargelsuppe mit Bärlauch

Zubereitungszeit: 30 Minuten
Portionen: 2
Nährwerte pro Portion: 85 kcal, 16,2 g Kohlenhydrate, 4 g Eiweiß, 1 g Fett

Zutaten:

- 250 g grüner Spargel
- 2 Kartoffeln
- ½ l Gemüsebrühe
- 125 ml Sahne
- Eine Handvoll Bärlauch
- Eine Prise Salz
- Eine Prise Muskatnuss

Zubereitung:

1. Schneide die Enden des Spargels ab, schäle die Kartoffeln und schneide den Spargel und die Kartoffeln in kleine Stücke.
2. Gare den Spargel, die Kartoffeln und den Bärlauch mit der Gemüsebrühe mindestens 20 Minuten bei 100°C.
3. Gebe das gegarte Gemüse mit den restlichen Zutaten in eine große Schüssel und püriere alles zu einer sämigen Suppe.

Möhrensuppe

Zubereitungszeit: 30 Minuten
Portionen: 2
Nährwerte pro Portion: 313 kcal, 26 g Kohlenhydrate, 5,5 g Eiweiß, 19,4 g Fett

Zutaten:

- 300 g Möhren
- ½ l Gemüsebrühe
- 125 ml Sahne oder Kokosmilch
- Ein kleines Stück Ingwer
- Eine Kartoffel
- Eine Zwiebel
- Eine Knoblauchzehe
- ¼ TL Muskatnuss
- Eine Prise Cayennepfeffer

Zubereitung:

1. Schäle und schneide das Gemüse in kleine Stücke.
2. Gebe alle Zutaten außer der Sahne/Kokosmilch für mindestens 20 Minuten bei 100°C in den Dampfgarer.
3. Püriere die Suppe anschließend mit der Sahne/der Kokosmilch.

Champignon-Suppe

Zubereitungszeit: 25 Minuten
Portionen: 2
Nährwerte pro Portion: 374 kcal, 9, g Kohlenhydrate, 17,2 g Eiweiß, 7,7 g Fett

Zutaten:

- 300 g Champignons
- Eine Zwiebel
- ½ l Gemüsebrühe
- 100 g geriebener Käse
- 2 EL Creme Fraiche
- 1 EL gemischte Kräuter
- Eine Prise Salz
- Eine Prise Pfeffer

Zubereitung:

1. Schäle die Zwiebel und schneide sie klein.
2. Schäle oder putze die Pilze und schneide sie in dünne Scheiben.
3. Gebe das Gemüse mit der Gemüsebrühe und den Gewürzen für mindestens 15 Minuten bei 100°C in den Dampfgarer.
4. Füge anschließend die Kräuter und die Creme Fraiche hinzu und püriere die Suppe nach Belieben.
5. Zuletzt den Käse hinzugeben.

Brokkoli Cremesuppe

Zubereitungszeit: 30 Minuten
Portionen: 2
Nährwerte pro Portion: 245,8 kcal, 5,2 g Kohlenhydrate, 19,8 g Eiweiß, 20 g Fett

Zutaten:

- 1 Brokkoli
- 1 Zwiebel
- 1 Knoblauchzehe
- 1 Kartoffel
- 250 ml Gemüsebrühe
- 125 ml Sahne
- 2 EL gehackte Petersilie
- 2 EL gehackte Mandeln
- Eine Prise Salz

Zubereitung:

1. Schäle die Zwiebel und schneide sie in kleine Stücke.
2. Teile den Brokkoli in Röschen und gebe ihn mit der Zwiebel und der Gemüsebrühe für mindestens 20 Minuten bei 100°C in den Dampfgarer geben.
3. Anschließend die restlichen Zutaten dazugeben und pürieren.

Exotische Kartoffelsuppe mit Mango

Zubereitungszeit: 30 Minuten
Portionen: 2
Nährwerte pro Portion: 500 kcal, 37 g Kohlenhydrate, 4,5 g Eiweiß, 34,4 g Fett

Zutaten:

- 250 g Kartoffeln
- ½ Stange Lauch
- 1 Mango
- ½ l Gemüsebrühe
- 125 ml Sahne
- 2 EL Olivenöl
- Eine Prise Salz
- Eine Prise Pfeffer

Zubereitung:

1. Schäle die Kartoffeln und die Mango, entkerne die Mango und schneide die Mango, den Lauch und die Kartoffeln in kleine Stücke. Lege eine Handvoll Mango-Stücke beiseite.
2. Gebe das Gemüse mit der Gemüsebrühe und der Mango für Mindestens 20 Minuten bei 100°C in den Dampfgarer.
3. Sobald das Gemüse gar ist, kannst du alle restlichen Zutaten hinzugeben und nach Belieben pürieren.
4. Garniere die Suppe mit den übrigen Mango Stücken.

Grüne Suppe

Zubereitungszeit: 20 Minuten
Portionen: 2
Nährwerte pro Portion: 353 kcal, 5,6 g Kohlenhydrate, 3,3 g Eiweiß, 34,2 g Fett

Zutaten:

- 1 Zucchini
- 250 g Gurke
- ½ l Gemüsebrühe
- 125 ml Sahne
- 2 EL Olivenöl
- Eine Prise Salz
- Eine Prise Pfeffer

Zubereitung:

1. Schneide das Gemüse in Würfel und gare es für 10 Minuten bei 100°C.
2. Gebe nun die Gemüsebrühe, die Sahne, das Olivenöl und die Gewürze hinzu und gare die Suppe für weitere 5 Minuten bei 100°C.
3. Anschließend pürieren, abschmecken und gegebenenfalls nachwürzen.

Kokossuppe mit Tofu

Zubereitungszeit: 30 Minuten
Portionen: 2
Nährwerte pro Portion: 307 kcal, 21,2 g Kohlenhydrate, 8 g Eiweiß, 20,1 g Fett

Zutaten:

- ½ l Gemüsebrühe
- 100 ml Kokosmilch
- 100 g Kartoffeln
- 100 g Lauch
- 100 g Möhren
- 100 g Tofu
- 1 Zwiebel
- 2 EL Olivenöl
- 1 EL Zitronensaft
- 1 TL Sesamsamen
- ½ Chilischote
- Eine Prise Pfeffer

Zubereitung:

1. Die Möhren, die Zwiebel und die Kartoffeln schälen und das gesamte Gemüse und den Tofu in mundgerechte Stücke schneiden.
2. Alle Zutaten außer den Sesamsamen für mindestens 25 Minuten bei 100°C in den Dampfgarer geben.
3. Die fertige Suppe mit Sesamsamen garnieren.

Rindersuppe

Zubereitungszeit: 70 Minuten
Portionen: 2
Nährwerte pro Portion: 122 kcal, 11,5 g Kohlenhydrate, 12,1 g Eiweiß, 2,7 g Fett

Zutaten:

- 200 g Rindfleisch (z.B. Rindergulasch)
- 1 Zwiebel
- 2 Möhren
- 100 g Sellerieknolle
- 100 g Lauch
- 1 l Gemüsebrühe
- Eine Prise Salz

Zubereitung:

1. Schneide das Rindfleisch in mundgerechte Stücke.
2. Schäle das Gemüse gegebenenfalls und schneide es in kleine Stücke.
3. Gebe das Rinderfleisch mit der Gemüsebrühe in einen ungelochten Garbehälter für mindestens 60 Minuten bei 100°C in den Dampfgarer.
4. Füge 15 Minuten vor Ende der Garzeit auch das Gemüse hinzu.

Fruchtige Gemüsesuppe

Zubereitungszeit: 20 Minuten
Portionen: 2
Nährwerte pro Portion: 110 kcal, 22,5 g Kohlenhydrate, 2,8 g Eiweiß, 1,3 g Fett

Zutaten:

- ½ l Gemüsebrühe
- 250 g Möhren
- 1 Apfel
- Eine kleine Zwiebel
- Den Saft einer Orange
- Eine Prise Salz
- Eine Prise Pfeffer

Zubereitung:

1. Den Apfel, die Möhren und die Zwiebel schälen, entkernen und in kleine Würfel schneiden.
2. Anschließend alle Zutaten in einer ungelochten Garschale für 15 Minuten bei 100°C garen.
3. Nach Belieben pürieren.

Cremige Zucchinisuppe

Zubereitungszeit: 20 Minuten
Portionen: 2
Nährwerte pro Portion: 257 kcal, 8,9 g Kohlenhydrate, 8,7 g Eiweiß, 19,4 g Fett

Zutaten:

- 250 g Zucchini
- 1 Zwiebel
- 250 ml Gemüsebrühe
- 125 ml Sahne
- 1 EL Olivenöl
- 1 EL gemischte Kräuter
- Eine Prise Salz
- Eine Prise Pfeffer

Zubereitung:

1. Schäle die Zwiebel und schneide sie und den Zucchini in kleine Würfel.
2. Gebe nun alle Zutaten bis auf die Sahne und die Kräuter für 15 Minuten bei 100°C in den Dampfgarer.
3. Püriere anschließend die Suppe mit der Sahne und garniere sie mit den Kräutern.

Kokossuppe mit Garnelen

Zubereitungszeit: 20 Minuten
Portionen: 2
Nährwerte pro Portion: 166 kcal, 12,5 g Kohlenhydrate, 13 g Eiweiß, 1,5 g Fett

Zutaten:

- 250 ml Gemüsebrühe
- 100 g Champignons
- 50 g Erbsen
- 100 ml Kokosmilch
- 1 Stange Zitronengras
- 10 g Ingwer
- 8 geschälte Garnelen
- 2 EL gehackter Koriander
- ½ Chilischote
- Eine Prise Salz

Zubereitung:

1. Das Zitronengras putzen und faserig klopfen. Die Chilischote einritzen, den Ingwer schälen und in feine Scheiben schneiden.
2. Die Pilze putzen und halbieren.
3. Alle Zutaten bis auf den Koriander in einen ungelochten Garbehälter geben und mindestens 20 Minuten bei 100°C garen.
4. Zum Schluss mit dem Koriander bestreuen.

Hühnersuppe

Zubereitungszeit: 20 Minuten
Portionen: 2
Nährwerte pro Portion: 390 kcal, 54 g Kohlenhydrate, 33,1 g Eiweiß, 3,2 g Fett

Zutaten:

- 200 g Hähnchenbrust
- 100 g Möhren
- 100 g Kartoffeln
- ½ l Gemüsebrühe
- 100 g Suppennudeln
- ½ Sellerie
- ½ Lauch
- 1 Zwiebel
- 2 EL gehackte Kräuter
- Eine Prise Pfeffer

Zubereitung:

1. Das Gemüse nach Bedarf schälen und anschließend in mundgerechte Stücke schneiden.
2. Das Fleisch unter kaltem Wasser abwaschen, abtupfen und ebenfalls in mundgerechte Stücke schneiden.
3. Nun das Gemüse mit der Brühe in einen ungelochten Garbehälter für 20 Minuten bei 100°C in den Dampfgarer geben. Nach 10 Minuten Garzeit zusätzlich Die Nudeln und das Fleisch dazu geben.
4. Die fertige Suppe mit Kräutern garnieren.

Kartoffelsuppe mit einem Hauch Asien

Zubereitungszeit: 300 Minuten
Portionen: 2
Nährwerte pro Portion: 371 kcal, 33,2 g Kohlenhydrate, 6,2 g Eiweiß, 22,8 g Fett

Zutaten:

- ½ l Gemüsebrühe
- 300 g Kartoffeln
- 150 ml Sahne
- 1 Stange Lauch
- 2 Knoblauchzehen
- 1 Handvoll Petersilie
- Ein 2cm großes Stück Ingwer
- 1 TL Currypulver
- Eine Prise Salz
- Eine Prise Pfeffer

Zubereitung:

1. Die Kartoffeln, den Knoblauch und den Ingwer schälen, den Lauch gründlich waschen.
2. Die Kartoffeln, den Lauch, den Knoblauch und den Ingwer in kleine Stücke/Ringe schneiden, die Petersilie hacken.
3. Alle Zutaten bis auf die Sahne in eine Garschüssel geben und für 20 Minuten bei 100°C garen.
4. Anschließend die Sahne hinzugeben und nach Belieben pürieren.

Fischsuppe

Zubereitungszeit: 25 Minuten
Portionen: 2
Nährwerte pro Portion: 496 kcal, 14 g Kohlenhydrate, 46 g Eiweiß, 4,9 g Fett

Zutaten:

- 400 g Rotbarschfilet
- 400 ml Fischfond
- 100 ml Weißwein
- 50 g Shrimps
- Ein Bund Suppengrün
- Eine Zwiebel
- 3 EL Zitronensaft
- 3 EL Creme Fraiche
- 2 EL Butter
- ½ Chilischote
- Eine Prise Salz

Zubereitung:

1. Das Gemüse in feine Ringe schneiden. Den Rotbarsch in Mundgerechte Stücke schneiden und mit den restlichen Zutaten außer der Creme Fraiche in einen ungelochten Garbehälter, für mindestens 15 Minuten bei 100°C in den Dampfgarer geben.
2. Die fertige Suppe mit Creme Fraiche garnieren.

Fisch Gerichte

Würziges Lachsfilet

Zubereitungszeit: 25 Minuten
Portionen: 2
Nährwerte pro Portion: 230 kcal, 4,5 g Kohlenhydrate, 23 g Eiweiß, 12g Fett

Zutaten:

- 2 Lachsfilets
- 2 Frühlingszwiebeln
- 1 Chilischote
- 1 EL Butter
- 1 EL gehackte Petersilie
- 1 EL gehackter Majoran
- 1 EL gehackter Ingwer
- Eine Prise Cayennepfeffer

Zubereitung:

1. Wasche die Lachsfilets und tupfe sie vorsichtig ab. Gebe den Fisch in einen gelochten Garbehälter.
2. Schneide die Chilischote und die Frühlingszwiebel in feine Ringe.
3. Gebe nun alle restlichen Zutaten zum Fisch und gare ihn bei 70°C für 15 Minuten.

Zander mit Safransauce

Zubereitungszeit: 25 Minuten
Portionen: 2
Nährwerte pro Portion: 184 kcal, 10 g Kohlenhydrate, 30 g Eiweiß, 2 g Fett

Zutaten:

- 2 Zanderfilets
- 200 g Möhren
- 200 g Knollensellerie
- 150 ml Wasser
- 1 TL Balsamico Creme
- 1 TL Senf
- Safranfäden
- Eine Prise Salz
- Eine Prise Pfeffer
- Zahnstocher

Zubereitung:

1. Wasche den Fisch und tupfe ihn vorsichtig ab. Salze den Fisch anschließend. Rolle ihn auf und fixiere ihn mit Zahnstochern.
2. Schäle das Gemüse und schneide es in feine Streifen.
3. Gebe das Gemüse zusammen mit dem Fisch in einem gelochten Garbehälter für 10 Minuten bei 100°C in den Dampfgarer.
4. Mische in der Zwischenzeit die restlichen Zutaten und gebe die Sauce in einem ungelochten Behälter für 5 Minuten bei 100°C in den Dampfgarer.
5. Serviere den Fisch mit dem Gemüse und der Sauce.

Thai-Fischbällchen mit Gurkensalat

Zubereitungszeit: 30 Minuten
Portionen: 2
Nährwerte pro Portion: 266 kcal, 8 g Kohlenhydrate, 27 g Eiweiß, 11 g Fett

Zutaten:

- 200 g Seelachsfilet ohne Haut
- 1 Knoblauchzehe, gehackt
- 1 kleine Zwiebel, gehackt
- 1 Ei
- 2 EL Limettensaft
- 1 TL rote Currypaste
- 2 EL Thai-Fischsauce

Für den Gurkensalat:

- ¼ Gurke
- 1 EL gehackter Koriander
- 1 EL gehackte Minze
- 1 EL Sesamöl
- 1 TL Rohrzucker
- 1 TL Reisessig
- Eine Prise Salz
- Eine Prise Pfeffer

Zubereitung:

1. Wasche den Fisch, tupfe ihn ab und schneide ihn in kleine Würfel.
2. Püriere den Fisch mit dem Limettensaft, dem Ei, der Currypaste, der Zwiebel, dem Knoblauch und der Fischsauce. Forme aus der Masse kleine Bälle.
3. Gebe die Bälle für 15 Minuten bei 100°C in einer gelochten Garschale in den Dampfgarer.
4. Schneide die Gurke in feine Streifen und mische aus den restlichen Zutaten ein Dressing an, welches du über die Gurkenstreifen gibst.
5. Serviere die Fischbällchen mit dem Gurkensalat.

Scholle mit Paprika

Zubereitungszeit: 40 Minuten
Portionen: 2
Nährwerte pro Portion: 279 kcal, 16 g Kohlenhydrate, 27 g Eiweiß, 10 g Fett

Zutaten:

- 2 Schollenfilets
- 1 gelbe Paprika
- 1 rote Paprika
- 1 grüne Paprika
- 1 Zwiebel
- 1 EL Olivenöl
- Eine Prise Salz
- Eine Prise Pfeffer

Zubereitung:

1. Wasche und trockne den Fisch ab. Lege ihn auf ein Garblech und würze ihn nach deinem Geschmack mit Salz und Pfeffer.
2. Entkerne die Paprikas und schneide sie in Streifen.
3. Schäle die Zwiebel und schneide sie in feine Ringe.
4. Gebe das Gemüse und das Olivenöl zum Fisch.
5. Gare den Fisch und das Gemüse nun für 30 Minuten bei 65°C.

Jakobsmuscheln in Mangold-Rouladen

Zubereitungszeit: 45 Minuten
Portionen: 2
Nährwerte pro Portion: 372 kcal, 12,2 g Kohlenhydrate, 19 g Eiweiß, 24 g Fett

Zutaten:

- 4 Jakobsmuscheln
- 75 g Lachs
- 2 große Blätter Mangold
- 75 ml Sahne
- 50 ml Weißwein
- 1 Ei
- 1 kleine Zwiebel
- 1 EL Butter
- 1 Vanilleschote
- Eine Prise Pfeffer
- Eine Prise Salz

Zubereitung:

1. Gebe die Mangoldblätter für 3 Minuten bei 100°C in einem gelochten Garbehälter in den Dampfgarer. Schrecke sie danach mit kaltem Wasser ab und lasse sie abtropfen.
2. Schneide den Lachs in Würfel und gebe ihn für einige Minuten ins Eisfach. Gebe ihn anschließend mit der Hälfte der Sahne, Salz und Pfeffer in einen Hochleistungsmixer und püriere alles zu einer glatten Masse.
3. Trenne das Ei, schlage das Eiweiß zu Schnee und hebe diesen unter die Lachsmasse.
4. Verteile die Lachsmasse auf die zwei Mangoldblätter, gebe die Muscheln darauf und rolle sie mit dem Mangold ein.
5. Gebe die Rollen in einen gelochten Garbehälter und gare sie bei 100°C für 8 Minuten im Dampfgarer.
6. Brate in der Zwischenzeit die kleingeschnittene Zwiebel mit der Butter in einer Pfanne an. Gebe den Weißwein, das Vanillemark und die Hälfte der Sahne hinzu.
7. Schlage nun das Eigelb mit der restlichen Sahne steif und gebe die Eigelbmischung zu der Vanille-Sauce hinzu.
8. Serviere die Sauce mit den Muschel-Rouladen.

Lachs mit Sesam

Zubereitungszeit: 35 Minuten
Portionen: 2
Nährwerte pro Portion: 283 kcal, 2,6 g Kohlenhydrate, 22 g Eiweiß, 19 g Fett

Zutaten:

- 2 Lachfilets
- 1 kleine Zucchini
- 2 EL Butter
- 1 EL Sojasauce
- 1 EL Sesam
- Eine Prise Salz
- Eine Prise Pfeffer

Zubereitung:

1. Wasche und tupfe den Fisch trocken.
2. Schneide die Zucchini in dünne Scheiben und gebe sie für 6 Minuten bei 100°C in einem gelochten Gareinsatz in den Dampfgarer.
3. Würze den Fisch und gebe ihn mit der Butter, der Sojasauce und dem Sesam für 15 Minuten bei 75°C in den Dampfgarer in einer ungelochten Garschale.
4. Den Zucchini mit dem Fisch servieren.

Kabeljau mit Tomatenkruste

Zubereitungszeit: 35 Minuten
Portionen: 2
Nährwerte pro Portion: 345 kcal, 13 g Kohlenhydrate, 24 g Eiweiß, 20,4 g Fett

Zutaten:

- 2 Kabeljaufilets
- 150 g Knollensellerie
- 50 g getrocknete Tomaten in Öl
- 50 g Zuckerschoten
- 2 Frühlingszwiebeln
- 4 EL Paniermehl
- 25 ml Sahne
- 1 EL Mayonnaise
- 1 EL gehackter Rosmarin
- Eine Prise Salz
- Eine Prise Pfeffer

Zubereitung:

1. Schäle den Knollensellerie und schneide ihn in mundgerechte Stücke. Gebe ihn anschließend in einem gelochten Garbehälter für 15 Minuten bei 100°C in den Dampfgarer.
2. Püriere die getrockneten Tomaten und mische sie anschließend mit dem Paniermehl. Verteile die Mischung auf dem gewaschenen und abgetupften Fisch.
3. Schneide die Zuckerschoten und Frühlingszwiebeln in kleine Ringe und gebe sie zusammen mit dem Fisch für 10 Minuten bei 100°C in einer gelochten Garschale mit in den Dampfgarer.
4. Püriere den Sellerie mit 15 ml Sahne, koche ihn kurz in einen Topf auf und würze ihn mit Salz und Pfeffer. Die restliche Sahne mit der Mayonnaise glattrühren.
5. Serviere den Fisch mit dem Gemüse und Selleriepüree auf einem Teller, beträufle die Mayonnaise dazu und bestreue alles mit Rosmarin.

Seefischfilet überbacken

Zubereitungszeit: 40 Minuten
Portionen: 2
Nährwerte pro Portion: 834 kcal, 19 g Kohlenhydrate, 54 g Eiweiß, 68 g Fett

Zutaten:

- 2 Seefischfilets
- 150 g geriebener Gouda
- 3 EL Sahne
- 3 EL Paniermehl
- 2 EL gehackter Schnittlauch
- 2 EL gehackte Petersilie
- 1 EL Butter
- Eine Prise Salz
- Eine Prise Pfeffer

Zubereitung:

1. Wasche den Fisch und tupfe ihn ab, anschließend salzen.
2. Fette einen ungelochten Garbehälter mit der Butter ein und lege den Fisch hinein.
3. Vermische die restlichen Zutaten und gebe die Mischung auf den Fisch und gare das Ganze bei 100°C für 10 Minuten.

Forelle mit Spinat

Zubereitungszeit: 35 Minuten
Portionen: 2
Nährwerte pro Portion: 546 kcal, 17 g Kohlenhydrate, 30 g Eiweiß, 26,5 g Fett

Zutaten:

- 2 größere Forellen
- 150 ml Sahne
- 150 ml Gemüsebrühe
- 500 g Blattspinat
- 1 Zwiebel
- 1 Stange Dill
- 1 Zitrone
- 1 EL Butter
- Eine Prise Muskatnuss
- Eine Prise Salz
- Eine Prise Pfeffer

Zubereitung:

1. Wasche den Spinat und schneide die großen Stiele ab.
2. Hobel die Schale der Zitrone ab und presse die Zitrone aus.
3. Schneide die Zwiebel in kleine Stücke.
4. Mische die Sahne, die Gemüsebrühe, die Zwiebel und die Gewürze.
5. Wasche den Fisch, trockne ihn ab und würze ihn mit Salz und Pfeffer.
6. Gebe den Spinat bei 100°C für 3 Minuten in einem ungelochten Garbehälter in den Dampfgarer.
7. Befülle die Forellen mit der Butter, dem Zitonenabrieb und dem Dill.
8. Beträufle die Haut des Fischs mit Zitronensaft.
9. Gebe nun die Gemüsebrühe-Mischung und den Fisch für 15 Minuten bei 100°C in den Dampfgarer.
10. Serviere den Fisch mit dem Spinat.

Lachs mit Blattspinat

Zubereitungszeit: 20 Minuten
Portionen: 2
Nährwerte pro Portion: 230 kcal, 10 g Kohlenhydrate, 25 g Eiweiß, 9 g Fett

Zutaten:

- 2 Lachsfilets
- 500 g Blattspinat
- 1 Zwiebel
- 1 Tomate
- 1 Knoblauchzehe
- 1 Zitrone
- Eine Prise Salz
- Eine Prise Muskat
- Eine Prise Pfeffer
- Geriebener Käse nach Belieben

Zubereitung:

1. Wasche den Fisch und tupfe ihn ab.
2. Wasche den Spinat ebenfalls und lasse ihn abtropfen.
3. Schneide die Tomate in feine Streifen.
4. Schäle und hacke den Knoblauch und die Zwiebel.
5. Reibe den Fisch mit der Hälfte der Gewürze, des Knoblauchs und der Zwiebel ein. Gebe den Fisch für 12 Minuten bei 100°C auf die Garplatte des Dampfgarers.
6. Gebe den Blattspinat mit den restlichen Gewürzen, den Zwiebel-Knoblauchstücken und der Tomate in einen ungelochten Garbehälter und gebe diesen für 5 Minuten bei 100°C in den Dampfgarer.
7. Serviere den Fisch mit dem Spinatgemüse und garniere den Fisch nach Belieben mit Käse.

Dorade mit Blumenkohl

Zubereitungszeit: 60 Minuten
Portionen: 2
Nährwerte pro Portion: 277 kcal, 6 g Kohlenhydrate, 28 g Eiweiß, 15 g Fett

Zutaten:

- 2 Doraden
- 1 Zitrone
- 1 Zwiebel
- 1 Blumenkohl
- 1 TL gehackter Chili
- Eine Prise Salz
- Eine Prise Pfeffer

Zubereitung:

1. Wasche den Fisch und tupfe ihn trocken. Ritze den Fisch auf beiden Seiten dreimal ein und würze ihn mit Salz und Pfeffer.
2. Schäle die Zwiebel und schneide sie in feine Ringe. Fülle die Dorade mit dem Chili und der Zwiebel.
3. Beträufle den Fisch mit Zitronensaft und gebe ihn für eine halbe Stunde zum Ruhen in den Kühlschrank.
4. Schneide in der Zwischenzeit den Blumenkohl in kleine Röschen.
5. Lege den Blumenkohl in eine gelochte Garschale und platziere den Fisch darauf. Gare beides für 12 Minuten bei 70°C.

Scholle mit Joghurt-Honig Sauce

Zubereitungszeit: 25 Minuten
Portionen: 2
Nährwerte pro Portion: 220 kcal, 17 g Kohlenhydrate, 27 g Eiweiß, 8 g Fett

Zutaten:

- 2 Schollenfilets
- 500 g Tomaten
- 4 EL Joghurt
- 1 EL Honig
- 1 EL Butter
- 1 TL Senf
- 1 TL Sesamsamen
- Eine Prise Salz
- Eine Prise Pfeffer

Zubereitung:

1. Wasche den Fisch und tupfe ihn vorsichtig trocken. Würze ihn mit Salz und Pfeffer.
2. Brate die Sesamsamen mit der Butter in einer Pfanne an. Mische sie anschließend mit dem Joghurt, dem Honig, Senf und den Gewürzen.
3. Schneide die Tomaten in kleine Stücke und gebe sie mit dem Fisch in einer ungelochten Garschale für 8 Minuten bei 85°C in den Dampfgarer.
4. Richte den Fisch mit den Tomaten und der Joghurt-Honig Sauce auf einen Teller an.
5. Dazu passen Bandnudeln.

Kabeljau mit Senfsauce

Zubereitungszeit: 45 Minuten
Portionen: 2
Nährwerte pro Portion: 303 kcal, 1 g Kohlenhydrate, 27 g Eiweiß, 2,4 g Fett

Zutaten:

- 2 Kabeljaukoteletts
- 50 ml Weißwein
- 2 Eigelb
- 2 EL Senf
- 1 EL Olivenöl
- 1 EL Sahne
- Eine Prise Chili

Zubereitung:

1. Wasche den Fisch und tupfe ihn trocken.
2. Den Fisch salzen und pfeffern.
3. Einen gelochten Garbehälter mit dem Öl einfetten, den Fisch hineingeben und bei 100°C für 10 Minuten garen. Nach 5 Minuten wenden.
4. Nun kannst du die Gräten und die Haut leicht entfernen.
5. Die restlichen Zutaten über einem Wasserbad schaumig schlagen.
6. Die Sauce mit dem Fisch servieren.

Cannelloni gefüllt mit Lachs und Garnelen

Zubereitungszeit: 1 Stunde
Portionen: 2
Nährwerte pro Portion: 344 kcal, 27 g Kohlenhydrate, 28 g Eiweiß, 13 g Fett

Zutaten:

- 6 Cannelloni
- 100 g Seelachsfilet
- 100 g Garnelen
- 1 Zwiebel
- 1 Limette
- 1 Stange Zitronengras
- 2 EL Thai-Fischsauce
- 2 EL Rohrzucker
- 1 EL Sesamöl
- 1 EL Reisessig
- 1 TL gehackter Ingwer
- 1 TL gehackter Koriander
- ¼ TL gehackter Chili
- Eine Prise Salz
- Eine Prise Pfeffer

Zubereitung:

1. Wasche und trockne den Fisch und die Garnelen. Entferne die Därme der Garnelen.
2. Gebe die Garnelen, den Fisch, den Chili, die Zwiebel, den Koriander, das Salz, den Pfeffer und den Ingwer in eine Küchenmaschine und püriere alles zu einer festen Masse.
3. Fülle die Cannelloni mit der Masse.
4. Schneide die Limette und das Zitronengras in feine Scheiben und lege sie in einem gelochten Garbehälter aus. Lege die Cannelloni darauf und gebe den Garbehälter für 15 Minuten bei 100°C in den Dampfgarer.
5. Mische den Zucker mit der Fischsauce, dem Essig und dem Sesamöl.
6. Serviere die Cannelloni mit dem Dip.

Rotbarsch mit Gemüse

Zubereitungszeit: 25 Minuten
Portionen: 2
Nährwerte pro Portion: 367 kcal, 13 g Kohlenhydrate, 27,5 g Eiweiß, 21 g Fett

Zutaten:

- 2 Rotbarschfilets
- 500 g Tomaten
- 1 kleine Zucchini
- 1 Zwiebel
- 2 EL Olivenöl
- 2 EL gehackte Kräuter
- 1 TL gehackter Chili
- Eine Prise Salz
- Eine Prise Pfeffer

Zubereitung:

1. Wasche und tupfe den Fisch ab, bestreue ihn anschließend mit Salz.
2. Wasche die Tomaten und Zucchini und schneide sie in feine Streifen.
3. Schäle die Zwiebel und schneide sie ebenfalls in feine Streifen.
4. Gebe den Fisch in eine Garschale bei der die austretende Flüssigkeit ablaufen kann.
5. Gebe das Gemüse mit den restlichen Zutaten in eine ungelochte Garschale und platziere sie ebenfalls im Dampfgarer.
6. Gare alles für 10 Minuten bei 100°C.

Pangasius Filet mit rotem Pesto

Zubereitungszeit: 30 Minuten
Portionen: 2
Nährwerte pro Portion: 458 kcal, 4 g Kohlenhydrate, 30 g Eiweiß, 5,4 g Fett

Zutaten:

- 2 Pangasius Filets
- 1 Zwiebel
- 100 ml Fischfond
- 100 ml Sahne
- 100 ml Weißwein
- 3 EL rotes Pesto
- 1 EL Butter
- 1 EL Balsamico Creme
- Eine Prise Muskat
- Eine Prise Salz
- Eine Prise Pfeffer
- Zahnstocher

Zubereitung:

1. Wasche den Fisch und tupfe ihn trocken. Schneide ihn längs in zwei Hälften.
2. Bestreiche die Hautseite des Fischs mit dem Pesto, rolle den Fisch auf und fixiere ihn mit Zahnstochern.
3. Gebe den Fisch für 10-12 Minuten in einen gelochten Garbehälter bei 85°C.
4. Schäle die Zwiebel, hacke sie klein und dünste sie in einer Pfanne mit der Butter an.
5. Gebe den Weißwein, den Fischfond und die Sahne hinzu. Lasse die Mischung etwas einkochen und gebe dann den Balsamico dazu.
6. Schmecke die Sauce mit Gewürzen ab und serviere sie zum Fisch.
7. Dazu passt Wildreis oder Quinoa.

Gefüllter Tintenfisch

Zubereitungszeit: 50 Minuten
Portionen: 2
Nährwerte pro Portion: 577 kcal, 23 g Kohlenhydrate, 43 g Eiweiß, 33 g Fett

Zutaten:

- 2 Tintenfische
- 150 g geschälte Garnelen ohne Darm
- 50 ml Sahne
- 50 ml Fischfond
- 50 g Erdnüsse
- Der Saft einer halben Limette
- ½ Mango
- 2 EL Sojasauce
- 2 EL Pflaumenmus
- 2 TL Fischsauce
- 1 EL Erdnussöl
- Eine Prise Pfeffer
- Eine Prise Salz
- Zahnstocher

Zubereitung:

1. Wasche die Garnelen, tupfe sie ab und hacke sie klein. Mische sie anschließend mit dem Limettensaft, der Hälfte der Fischsauce und der Hälfte der Sojasauce.
2. Den Tintenfisch waschen und trocknen. Die Tentakeln abschneiden und in kleine Stücke schneiden.
3. Die Tintenfische mit der Garnelencreme befüllen und mit Zahnstochern verschließen. Anschließend die Tentakeln und den gefüllten Tintenfisch bei 100°C in einem gelochten Garbehälter für 20 Minuten garen.
4. Die Erdnüsse mit dem Erdnussöl in einer Pfanne anrösten.
5. Mische das Pflaumenmus mit der restlichen Fischsauce, dem Fischfond und der Sojasauce. Lasse die Mischung kurz in einem Topf aufkochen.
6. Schneide die Mango in kleine Stücke.
7. Serviere die gefüllten Tintenfische mit den Tentakeln, der Mango, den Erdnüssen und der Sauce.

Schollenfilet auf Gemüse

Zubereitungszeit: 45 Minuten
Portionen: 2
Nährwerte pro Portion: 197 kcal, 15 g Kohlenhydrate, 17 g Eiweiß, 7 g Fett

Zutaten:

- 2 Schollenfilets
- 100 g Brokkoli
- 100 g Cocktailtomaten
- 100 g Lauch
- 4 EL Joghurt
- 1 TL Senf
- 1 TL Honig
- Eine Prise Salz
- Eine Prise Pfeffer

Zubereitung:

1. Wasche den Fisch und tupfe ihn ab.
2. Wasche das Gemüse und schneide es in mundgerechte Stücke. Gebe es anschließend in einem gelochten Garbehälter bei 100°C für 20 Minuten in den Dampfgarer.
3. Mische in der Zwischenzeit den Joghurt, den Senf, den Honig und die Gewürze.
4. Gebe den Fisch die restlichen 8 Minuten zu dem Gemüse dazu.
5. Serviere den Fisch mit dem Gemüse und dem Dip.

Riesengarnelen mit Spargel

Zubereitungszeit: 40 Minuten
Portionen: 2
Nährwerte pro Portion: 322 kcal, 12 g Kohlenhydrate, 45 g Eiweiß, 8 g Fett

Zutaten:

- 6 geschälte und vorgekochte Riesengarnelen
- 200 g weißer Spargel
- 200 g grüner Spargel
- 1 kleine Zwiebel
- 2 EL Weißweinessig
- 2 EL Nussöl
- 1 EL Weißwein
- 1 EL Zitronensaft
- 1 EL gehackter Estragon
- 1 EL gehackter Kerbel
- 1 EL gehackte Kresse
- 1 EL gehackter Schnittlauch
- Eine Prise Salz
- Eine Prise Pfeffer

Zubereitung:

1. Schneide die harten Enden des Spargels ab und schäle den weißen Spargel. Schneide den Spargel anschließend mittig durch.
2. Gebe den weißen Spargel in einem gelochten Garbehälter bei 100°C für 2 Minuten in den Dampfgarer. Gebe anschließend den grünen Spargel für weitere 7 Minuten dazu.
3. Gebe die Riesengarnelen in einem gelochten Garbehälter für 2 Minuten in den Dampfgarer dazu.
4. Vermische die Kräuter, den Zitronensaft, den Weißweinessig, den Weißwein, das Nussöl, das Salz und den Pfeffer.
5. Serviere die Garnelen mit der Sauce und dem Spargel.

Riesengarnelen mit Reis

Zubereitungszeit: 30 Minuten
Portionen: 2
Nährwerte pro Portion: 516 kcal, 75 g Kohlenhydratc, 27 g Eiweiß, 9 g Fett

Zutaten:

- 200 g Garnelen
- 200 g Langkornreis
- 400 ml Gemüsebrühe
- 100 g Fenchel
- 1 Knoblauchzehe
- 1 EL gehackter Dill
- Eine Prise Pfeffer
- Eine Prise Salz

Zubereitung:

1. Schäle den Knoblauch und hacke ihn fein. Gebe die Hälfte des Knoblauchs mit der Gemüsebrühe und dem Reis in einer ungelochten Garschale für 25 Minuten bei 100°C in den Dampfgarer.
2. Schneide den Fenchel in kleine Ringe und gebe ihn mit den Garnelen in einem gelochten Garbehälter für 5 Minuten bei 100°C in den Dampfgarer.
3. Anschließend die Mischung mehrmals umrühren bis der Reis die restliche Flüssigkeit aufgenommen hat.
4. Vermische nun den Reis, den Fenchel und die Garnelen miteinander.

Fleisch Gerichte

Knusprige Hähnchenkeulen

Zubereitungszeit: 40 Minuten
Portionen: 2
Nährwerte pro Portion: 625 kcal, 1 g Kohlenhydrate, 51 g Eiweiß, 45g Fett

Zutaten:

- 4 Hähnchenkeulen
- 4 Frühlingszwiebeln
- 100 ml Geflügelfond
- 2 EL Olivenöl
- Eine Prise Curry
- Eine Prise Pfeffer

Zubereitung:

1. Wasche die Hähnchenkeulen und tupfe sie vorsichtig trocken.
2. Fette eine Auflaufform mit dem Olivenöl ein.
3. Würze die Hähnchenkeulen mit den Gewürzen, lege sie in die Auflaufform und gebe die Auflaufform bei 200°C für 25 Minuten in den Dampfgarer.
4. Schneide in der Zwischenzeit die Frühlingszwiebel in kleine Ringe und gebe sie anschließend mit dem Geflügelfond in die Auflaufform.
5. Gebe die Auflaufform für weitere 10 Minuten bei 200°C in den Dampfgarer.

Hähnchenbrustfilet mit Mango

Zubereitungszeit: 30 Minuten
Portionen: 2
Nährwerte pro Portion: 325 kcal, 16 g Kohlenhydrate, 23 g Eiweiß, 17 g Fett

Zutaten:

- 200 g Hähnchenfilet
- 1 Mango
- 100 ml Sahne
- 50 ml Wasser
- 2 EL Orangensaft
- 2 TL Senf
- 1 TL Curry
- 1 TL Kurkuma
- Eine Prise Salz
- Eine Prise Pfeffer

Zubereitung:

1. Wasche das Fleisch, tupfe es ab und gebe es in einen gelochten Garbehälter.
2. Schäle, entkerne und schneide die Mango in kleine Stücke und gebe die Hälfte davon mit den Gewürzen und Senf in einen ungelochten Garbehälter.
3. Gebe beide Garbehälter bei 140°C für 20 Minuten in den Dampfgarer, wobei sich der Garbehälter mit dem Fleisch über dem Garbehälter mit der Mango befinden sollte.
4. Mische die Mango Mischung mit der Sahne, der restlichen Mango, dem Orangensaft und Wasser. Püriere alles zu einer sämigen Sauce und serviere sie zu dem Fleisch.

Mit Rucola gefüllte Hühnerbrust

Zubereitungszeit: 35 Minuten
Portionen: 2
Nährwerte pro Portion: 474 kcal, 6 g Kohlenhydrate, 42 g Eiweiß, 35 g Fett

Zutaten:

- 2 Hühnerbrustfilets
- 150 g Feta
- 50 g Rucola
- 2 EL Olivenöl
- 1 Zwiebel
- Eine Prise Salz
- Eine Prise Pfeffer

Zubereitung:

1. Gebe alle Zutaten bis auf das Fleisch in einen Hochleistungsmixer und püriere alles zu einer sämigen Masse.
2. Wasche, trockne und schneide das Fleisch längs auf.
3. Befülle es anschließend mit der Paste und gebe es bei 100°C in einem ungelochten Garbehälter für 20 Minuten in den Dampfgarer.
4. Dazu passt ein gemischter Salat.

Hähnchen mit Spitzkohl

Zubereitungszeit: 20 Minuten
Portionen: 2
Nährwerte pro Portion: 322 kcal, 9 g Kohlenhydrate, 31 g Eiweiß, 17 g Fett

Zutaten:

- 2 Hähnchenbrustfilets
- 200 g Spitzkohl
- 1 gelbe Paprika
- 1 Zwiebel
- 1 Knoblauchzehe
- 2 EL Olivenöl
- 2 EL Sojasauce
- Eine Prise Salz
- Eine Prise Pfeffer

Zubereitung:

1. Wasche und trockne das Fleisch ab.
2. Würze das Fleisch anschließend mit Salz und Pfeffer und gebe es für 10 Minuten bei 100°C in den Dampfgarer in einem ungelochten Garbehälter.
3. Entkerne die Paprika und schneide sie ebenso wie das restliche Gemüse in feine Streifen.
4. Füge nun alle restlichen Zutaten in den Garbehälter und gebe diesen für 7 Minuten bei 100°C in den Dampfgarer.
5. Dazu passt Wildreis oder Quinoa.

Schweinemedaillons mit Brokkoli

Zubereitungszeit: 25 Minuten
Portionen: 2
Nährwerte pro Portion: 637 kcal, 7 g Kohlenhydrate, 26 g Eiweiß, 54 g Fett

Zutaten:

- 200 g Schweinemedaillons
- 200 g Brokkoli
- 1 Becher Sahne
- 2 EL Olivenöl
- Eine Prise Salz
- Eine Prise Pfeffer
- Eine Prise Paprikapulver

Zubereitung:

1. Wasche das Fleisch und tupfe es ab.
2. Das Fleisch mit den Gewürzen einreiben und für 12 Minuten bei 100°C in einem ungelochten Garbehälter in den Dampfgarer geben.
3. Den Brokkoli in Röschen teilen und für etwa 15 Minuten mit der Sahne in einem ungelochten Garbehälter in den Dampfgarer geben.
4. Das Fleisch bei Bedarf nach dem Garen in einer Pfanne mit etwas Öl scharf anbraten um eine Kruste zu erhalten.
5. Anschließend das Gemüse mit dem Fleisch servieren.

Würziges Hähnchen im Wrap

Zubereitungszeit: 40 Minuten
Portionen: 2
Nährwerte pro Portion: 563 kcal, 64 g Kohlenhydrate, 37 g Eiweiß, 17,2 g Fett

Zutaten:

- 2 Hähnchenbrustfilets
- 1 kleine Zucchini
- 1 kleine grüne Paprika
- 1 kleine Zwiebel
- 1 Knoblauchzehe
- 2 EL Olivenöl
- 2 Wraps
- Eine Prise Salz
- Eine Prise Pfeffer
- Eine Prise Oregano

Zubereitung:

1. Wasche und tupfe das Fleisch ab, schneide es anschließend in feine Streifen.
2. Mische das Olivenöl mit den Gewürzen und mariniere das Fleisch damit. Lasse das Fleisch anschließend 20 Minuten bei Raumtemperatur ruhen.
3. Schneide in der Zwischenzeit das Gemüse in feine Scheiben und gebe es mit dem marinierten Fleisch für 15 Minuten bei 100°C in einem ungelochten Garbehälter in den Dampfgarer. Rühre die Mischung alle 5 Minuten um.
4. Fülle die Mischung anschließend in zwei Wraps.

Asia-Hähnchen

Zubereitungszeit: 30 Minuten
Portionen: 2
Nährwerte pro Portion: 393 kcal, 15 g Kohlenhydrate, 52 g Eiweiß, 13 g Fett

Zutaten:

- 2 Hähnchenbrustfilets
- 400 ml Gemüsebrühe
- 100 g Lauch
- 100 g Möhren
- 50 g Pak Choi
- 2 EL gehackter Ingwer
- 2 EL Sesamöl
- 2 EL Sojasauce
- 2 EL gehackter Koriander
- 1 TL Rohrzucker
- 1 TL Limettensaft
- 1 TL Speisestärke

Zubereitung:

1. Wasche das Fleisch und tupfe es ab. Reibe es anschließend mit Sesamöl ein.
2. Schneide das Gemüse in feine Ringe.
3. Mische die Gemüsebrühe mit dem Ingwer, der Sojasauce, dem Koriander, dem Rohrzucker, dem Limettensaft und der Speisestärke.
4. Gebe das Fleisch mit dem Gemüse und der Gemüsebrühe in einem ungelochten Garbehälter bei 100°C für 20 Minuten in den Dampfgarer.
5. Dazu passt Reis.

Putenspieße mit Paprika

Zubereitungszeit: 40 Minuten
Portionen: 2
Nährwerte pro Portion: 228 kcal, 12 g Kohlenhydrate, 32 g Eiweiß, 5 g Fett

Zutaten:

- 250 Putenfleisch
- 1 gelbe Paprika
- 125 ml Hühnerbrühe
- 1 EL Butter
- 1 EL Zucker
- 1 TL Tomatenmark
- 1 TL Balsamico Essig
- Eine Prise Salz
- Holzspieße

Zubereitung:

1. Wasche das Fleisch, tupfe es ab und schneide es in mundgerechte Stücke.
2. Entferne das Gehäuse der Paprika und schneide sie in kleine Stücke.
3. Spieße immer abwechselnd Fleisch und Paprika auf den Spießen auf und lege sie für 20 Minuten bei 100°C auf die Garplatte des Dampfgarers.
4. Erhitze nun den Zucker in einem Topf bis er karamellisiert. Anschließend vom Herd nehmen und die Brühe und Butter einrühren.
5. Den Topf erneut auf den Herd geben und unter ständigem Rühren 3 Minuten köcheln lassen. Nun den Balsamico und das Tomatenmark einrühren und mit Salz abschmecken.
6. Die Spieße mit der Sauce anrichten. Dazu passen Kartoffeln oder Reis.

Hähnchenbrust mit Senfsauce

Zubereitungszeit: 30 Minuten
Portionen: 2
Nährwerte pro Portion: 692 kcal, 26 g Kohlenhydrate, 55 g Eiweiß, 37 g Fett

Zutaten:

- 2 Hähnchenbrustfilets
- 4 Tomaten
- 2 Möhren
- 1 Zwiebel
- 1 Becher Sahne
- 2 EL Senf
- 1 EL Speisestärke
- Eine Prise Salz

Zubereitung:

1. Wasche das Fleisch, tupfe es anschließend ab und salze es.
2. Lege das Fleisch in einen Garbehälter mit Löchern und gare sie für 10 Minuten bei 100°C.
3. Vermische nun den Senf, die Sahne und die Speisestärke und gebe die Sauce in einen Garbehälter ohne Löcher. Platziere diesen Behälter unter dem Behälter mit dem Fleisch und lasse ihn für 5 Minuten bei 100°C im Dampfgarer.
4. Schäle das Gemüse gegebenenfalls und schneide es in Scheiben. Gebe das Gemüse in einem Garbehälter mit Löchern für 5 Minuten bei 100°C mit in den Dampfgarer.
5. Serviere das Fleisch mit der Sauce und dem Gemüse.

Entenbrustfilets mit Honigsauce

Zubereitungszeit: 60 Minuten
Portionen: 2
Nährwerte pro Portion: 610 kcal, 33 g Kohlenhydrate, 29 g Eiweiß, 33,5 g Fett

Zutaten:

- 2 Entenbrustfilets
- 150 ml Rotwein
- 4 EL Honig
- 2 EL Balsamico
- Eine Prise Salz
- Eine Prise Pfeffer

Zubereitung:

1. Gebe die Entenbrustfilets mit der Hautseite nach unten in einem ungelochten Behälter bei 100°C für 20 Minuten in den Dampfgarer. Schütte anschließend die ausgetretene Flüssigkeit weg.
2. Wende die Entenbrustfilets, bestreiche sie mit dem Honig, würze sie und gebe den Rotwein und Balsamico dazu. Gebe den Behälter nochmals für mindestens 20 Minuten bei 190°C in den Dampfgarer bis die gewünschte Bräune erreicht ist.
3. Dazu passen grüne Bandnudeln und Rosenkohl!

Kalbssteak mit Süßkartoffeln und Möhren

Zubereitungszeit: 25 Minuten
Portionen: 2
Nährwerte pro Portion: 257 kcal, 19 g Kohlenhydrate, 25 g Eiweiß, 3,3 g Fett

Zutaten:

- 200 g Kalbssteak
- 100 g Knollensellerie
- 100 g Süßkartoffel
- 100 g Erbsen
- 100 g Möhren
- 125 ml Weißwein
- 125 ml Wasser
- 5 Wacholderbeeren
- 2 Lorbeerblätter
- Eine Prise Salz
- Eine Prise Pfeffer

Zubereitung:

1. Gebe das Fleisch für 12 Minuten bei 100°C in den Dampfgarer.
2. Schäle in der Zwischenzeit den Knollensellerie, die Süßkartoffel und die Möhren.
3. Schneide die Möhren in kleine Scheiben und den Knollensellerie und die Süßkartoffel in Würfel. Gebe die Süßkartoffel und den Knollensellerie mit dem Weißwein, dem Wasser, den Wacholderbeeren, den Lorbeerblättern und den Gewürzen in einem ungelochten Garbehälter und gare alles bei 100°C für 20 Minuten.
4. Gebe nach 10 Minuten die Erbsen und Möhren dazu.
5. Das Fleisch zusammen mit dem Gemüse servieren, zuvor die Lorbeerblätter und die Wacholderbeeren entfernen.

Hackfleischbällchen mit Pilzen

Zubereitungszeit: 30 Minuten
Portionen: 2
Nährwerte pro Portion: 334 kcal, 8 g Kohlenhydrate, 29 g Eiweiß, 19 g Fett

Zutaten:

- 200 g gemischtes Hackfleisch
- 400 g braune und weiße Champignons
- 1 Becher Sahne
- 1 Zwiebel
- 1 Ei
- 2 EL Balsamico
- 1 EL Sherry
- 1 TL Thymian
- Eine Prise Salz
- Eine Prise Pfeffer

Zubereitung:

1. Mische das Hackfleisch mit dem Ei, dem Sherry und dem Balsamico. Forme kleine Bällchen aus der Masse. Gebe die Bällchen für 20 Minuten in einem gelochten Garbehälter bei 100°C in den Dampfgarer.
2. Schneide die Pilze in feine Scheiben, schäle und hacke die Zwiebel und gebe alles mit der Sahne und den Gewürzen in einem ungelochten Garbehälter für 10 Minuten bei 100°C in den Dampfgarer.

Gedämpfter Kasseler mit Kartoffel und Spitzkohl

Zubereitungszeit: 35 Minuten
Portionen: 2
Nährwerte pro Portion: 223 kcal, 16 g Kohlenhydrate, 156 g Eiweiß, 10,5 g Fett

Zutaten:

- 1 Kasseler
- 200 g Spitzkohl
- 200 ml Gemüsebrühe
- 1 Zwiebel
- 1 Kartoffel
- 2 EL Schmand
- Eine Prise Pfeffer

Zubereitung:

1. Schäle die Zwiebel und die Kartoffel.
2. Schneide die Zwiebel, die Kartoffel und den Spitzkohl in feine Streifen.
3. Schneide den Kassler in Würfel.
4. Gebe das Fleisch, das Gemüse und die Kartoffelwürfel in einen Garbehälter ohne Löcher, füge die Gemüsebrühe hinzu und würze mit Pfeffer.
5. Lasse die Mischung bei 100°C für 15-20 Minuten garen und schmecke sie danach mit Schmand ab

Rouladen mit Gemüsefüllung

Zubereitungszeit: 90 Minuten
Portionen: 2
Nährwerte pro Portion: 258 kcal, 3 g Kohlenhydrate, 23 g Eiweiß, 17 g Fett

Zutaten:

- 2 Stangen grüner Spargel
- 2 Rinderrouladen a 150 g
- ¼ Zucchini
- ¼ Kohlrabi
- 1 Möhre
- 6 Brechbohnen
- 2 EL Sojasoße
- Pfeffer

Zubereitung:

1. Das Gemüse waschen, trocknen, bei Bedarf schälen und in lange Stifte schneiden.
2. Die Rouladen waschen, trockentupfen und ausbreiten. Mit Sojasoße und Pfeffer würzen bzw. bestreichen.
3. Jeweils die Hälfte der Gemüsestifte nehmen und auf beiden Rouladen gleichmäßig verteilen. Die Rouladen zusammenrollen und mit Küchengarn festbinden.
4. Die Rouladen für 60 Minuten Dampfgaren lassen.
5. Vor dem Servieren den Küchengarn entfernen.

Hähnchenbrust mit Kräuterdip

Zubereitungszeit: 40 Minuten
Portionen: 2
Nährwerte pro Portion: 200 kcal, 1 g Kohlenhydrate, 41 g Eiweiß, 4 g Fett

Zutaten:

- 2 Hähnchenbrustfilets a 160 g
- 150 g Zuckerschoten
- Salz
- Cayennepfeffer
- ½ Bio-Zitrone, in scheiben

Für das Kräuterdip:

- ½ EL Kapern
- ½ Bund Rucola
- 1 EL gehackte Dillspitzen
- 1 EL gehackte Petersilie
- ½ Knoblauchzähe
- ½ TL mittelscharfer Senf
- 20 g Toastbrot, ohne Rand
- ½ TL Zitronensaft

Zubereitung:

1. Die Hähnchenbrustfilets waschen, trocken tupfen und mit Salz und Cayennepfeffer würzen. Zunächst die Zitronenscheiben im Garbehälter auslegen und dann die Hähnchenfilets drauflegen. Alles für 10 Minuten Dampfgaren.
2. Die Zuckerschoten waschen und für 5 Minuten Dampfgaren.
3. Für den Dip, Rucola waschen, putzen und mit den restlichen zutaten pürieren.
4. Die Hähnchenbrustfilets jeweils halbieren und mit den Zuckerschoten und Kräuterdip servieren.

Rindersteaks mit Süßkartoffeln

Zubereitungszeit: 25 Minuten
Portionen: 2
Nährwerte pro Portion: 589 kcal, 25,1 g Kohlenhydrate, 55 g Eiweiß, 26 g Fett

Zutaten:

- 2 Rindersteaks
- 200 g Süßkartoffeln
- 2 EL Senf
- Eine Prise Salz
- Eine Prise Pfeffer

Zubereitung:

1. Wasche das Fleisch, tupfe es trocken und würze es mit Salz und Pfeffer.
2. Bestreiche das Fleisch auf beiden Seiten mit Senf und gebe es für 10-15 Minuten bei 100°C in einen Garbehälter mit Löchern.
3. Schäle in der Zwischenzeit die Kartoffeln, schneide sie in kleine Würfel und gebe sie in einem Garbehälter für 20 Minuten in den Dampfgarer. Anschließend kannst du sie bei Bedarf für einige Minuten in einer Pfanne mit etwas Salz scharf anbraten.
4. Serviere das Fleisch mit den Kartoffeln.

Mediterrane Hühnerkeulen mit Gemüse

Zubereitungszeit: 45 Minuten
Portionen: 2
Nährwerte pro Portion: 805 kcal, 10,2 g Kohlenhydrate, 55 g Eiweiß, 56 g Fett

Zutaten:

- 4 Hähnchenkeulen
- 1 kleine Zucchini
- 1 rote Paprika
- 1 Zwiebel
- 2 EL Zitronensaft
- 2 EL Olivenöl
- Eine Prise Salz
- Eine Prise Pfeffer
- Eine Prise Thymian
- Eine Prise Chili

Zubereitung:

1. Wasche das Fleisch und tupfe es trocken.
2. Vermische den Zitronensaft, das Olivenöl und die Gewürze. Reibe das Fleisch mit der Gewürzmischung ein und gebe es für 30 Minuten bei 100°C in einen ungelochten Garbehälter in den Dampfgarer.
3. Schneide das Gemüse in kleine Würfel und gebe es für 15 Minuten zu dem Fleisch dazu.
4. Serviere das Gemüse mit dem Fleisch.

Farfalle mit Schinken

Zubereitungszeit: 25 Minuten
Portionen: 2
Nährwerte pro Portion: 481 kcal, 27 g Kohlenhydrate, 16 g Eiweiß, 32 g Fett

Zutaten:

- 200 g Farfalle
- 200 g gekochter Schinken
- 1 Becher Sahne
- 150 ml Wasser
- 2 EL gehackte Kräuter
- Eine Prise Salz
- Eine Prise Pfeffer

Zubereitung:

1. Schneide den Schinken in Würfel und gebe anschließend alle Zutaten in einen Garbehälter ohne Löcher.
2. Gebe den Garbehälter bei 100°C für 20 Minuten im Dampfgarer.

Kartoffelgratin mit Austernpilzen

Zubereitungszeit: 30 Minuten
Portionen: 2
Nährwerte pro Portion: 503 kcal, 28 g Kohlenhydrate, 34 g Eiweiß, 27 g Fett

Zutaten:

- 300 g Kartoffeln
- 200 g Austernpilze
- 100 g Blattspinat
- 100 g roher Schinken
- 100 g Blauschimmelkäse
- 20 g Pinienkerne
- 20 g geriebener Parmesan
- Eine Prise Salz
- Eine Prise Pfeffer

Zubereitung:

1. Schneide die gewaschenen Kartoffeln und die Pilze in feine Scheiben.
2. Wasche den Spinat gründlich und lasse ihn abtropfen.
3. Schneide den Schinken und den Blauschimmelkäse in kleine Würfel.
4. Gebe nun alle Zutaten in einen ungelochten Garbehälter. Schichte dabei die Kartoffeln, den Spinat und die Pilze übereinander und garniere alles mit Schinken, Blauschimmelkäse, Pinienkernen und Parmesan.
5. Gebe die Gewürze über das Gratin und gebe es anschließend für 20 Minuten bei 100°C in den Dampfgarer.

Putenfilet auf Gemüsebett

Zubereitungszeit: 20 Minuten
Portionen: 2
Nährwerte pro Portion: 214 kcal, 0 g Kohlenhydrate, 46 g Eiweiß, 3,4 g Fett

Zutaten:

- 2 Hähnchenbrustfilets a 200 g
- 1 Bund Suppengrün
- 1 EL Honig
- 3 EL Olivenöl
- Saft von einer Zitrone
- 1 Zweig Rosmarin
- Salz
- Pfeffer

Zubereitung:

1. Die Hälfte des Zitronensafts mit dem Olivenöl und Honig verrühren. Rosmarinnadeln klein hacken und mit Salz und Pfeffer dazugeben. Möhren, Sellerie und Porree waschen, putzen und in Streifen schneiden.
2. Das Gemüse für 3-4 Minuten Dampfgaren. Die Hähnchenfilets salzen, pfeffern und mit dem übrigen Zitronensaft beträufeln. Dann auf das Gemüse legen und 8-10 Minuten fertig garen lassen.

Vegetarische Gerichte

Wirsingrouladen

Zubereitungszeit: 25 Minuten
Portionen: 2
Nährwerte pro Portion: 184 kcal, 14,5 g Kohlenhydrate, 8 g Eiweiß, 9,1 g Fett

Zutaten:

- 150 ml Gemüsebrühe
- 100 g Reis
- 75 g Frischkäse
- 4 Wirsingblätter
- 1 EL gehackte Petersilie
- Eine Prise Pfeffer
- Zahnstocher

Zubereitung:

1. Wasche die Wirsingblätter und trockne sie gut ab.
2. Gebe den Reis, die Gemüsebrühe und die Wirsingblätter in einem ungelochten Garbehälter für 15-20 Minuten bei 100°C in den Dampfgarer.
3. Mische den garen Reis mit dem Frischkäse, der Petersilie und dem Pfeffer.
4. Verteile den Reis auf den Wirsingblättern und rolle sie zusammen. Bei Bedarf mit Zahnstochern fixieren.
5. Die Wirsingrouladen in einem gelochten Garbehälter bei 100°C für 5 Minuten in den Dampfgarer geben.

Vegetarische Lasagne

Zubereitungszeit: 45 Minuten
Portionen: 2
Nährwerte pro Portion: 627 kcal, 17 g Kohlenhydrate, 47,2 g Eiweiß, 38,9 g Fett

Zutaten:

- 10 Lasagneplatten
- 200 g Mozzarella
- 50 g Parmesan
- 2 Frühlingszwiebeln
- 1 Möhre
- 1 kleine Zucchini
- 1 EL Olivenöl
- 1 Pck. passierte Tomaten
- Eine Prise Salz
- Eine Prise Pfeffer

Zubereitung:

1. Reinige die Zucchini, dic Frühlingszwiebeln und die Möhre und schneide sie in kleine Würfel bzw. Ringe.
2. Fette einen ungelochten Garbehälter mit dem Olivenöl ein und lege eine Schicht Lasagneplatten hinein.
3. Gieße 1/3 der passierten Tomaten darüber, 1/3 des Gemüses und die Hälfte des in Scheiben geschnittenen Mozzarellas.
4. Fahre auf diese Weise fort bis alle Zutaten aufgebraucht sind.
5. Zum Schluss die Lasagne mit geriebenem Parmesan bestreuen und für 35 Minuten bei 100°C in den Dampfgarer geben.

Grüner Spargel mit Parmesan

Zubereitungszeit: 20 Minuten
Portionen: 2
Nährwerte pro Portion: 148 kcal, 3,2 g Kohlenhydrate, 7,8 g Eiweiß, 9,2 g Fett

Zutaten:

- 200 g grüner Spargel
- 50 g gehobelter Parmesan
- 150 ml Sauce Hollandaise
- Eine Prise Pfeffer
- Eine Prise Salz

Zubereitung:

1. Schneide die harten Enden des Spargels ab und gebe ihn für 5 Minuten bei 100°C in einem ungelochten Garbehälter in den Dampfgarer.
2. Serviere den Spargel mit dem Parmesan und der Sauce Hollandaise.
3. Verfeinere die Sauce wahlweise mit Salz, Pfeffer und Weißwein!

Zucchiniröllchen mit Schafskäse

Zubereitungszeit: 15 Minuten
Portionen: 2
Nährwerte pro Portion: 360 kcal, 3,7 g Kohlenhydrate, 11 g Eiweiß, 32,2 g Fett

Zutaten:

- 1 kleine Zucchini
- 1 Tomate
- 100 g Feta
- 1 EL Olivenöl
- 1 EL gehackter Basilikum
- Eine Prise Cayennepfeffer
- Eine Prise Salz
- Zahnstocher

Zubereitung:

1. Wasche und tupfe das Gemüse ab.
2. Schneide die Zucchini längs in dünne Scheiben und gebe sie in einem gelochten Garbehälter bei 100°C für eine Minute in den Dampfgarer.
3. Schneide den Feta in kleine Würfel und wickle sie mit den Zucchini-Scheiben ein. Fixiere sie falls nötig mit einem Zahnstocher und würze sie mit Pfeffer.
4. Gebe die Rollen für 3 Minuten bei 100°C in einem gelochten Garbehälter in den Dampfgarer.
5. Gebe die Rollen auf einen großen Teller, würze sie, garniere sie mit dem Basilikum und Tomatenscheiben.

Käse-Lauch-Polenta

Zubereitungszeit: 10 Minuten
Portionen: 4
Nährwerte pro Portion: 266 kcal, 30 g Kohlenhydrate, 50 g Eiweiß, 32 g Fett

Zutaten:

- 1 Lauchstange
- 150 g Polenta
- 4 Stiele Majorn
- 750 ml Gemüsebrühe
- 4 Stiele Petersilie
- 30 g Parmesan, gerieben
- 100 g Emmentaler, gerieben
- 2 EL Butter
- Pfeffer
- Salz

Zubereitung:

1. Zunächst den Lauch waschen, putzen und in Ringe schneiden. Den Lauch in einen gelochten Garbehälter geben. Die Gemüsebrühe in einen ungelochten Garbehälter gießen und beides für 5 Minuten bei 100°C in den Dampfgarer geben.
2. Streue nun die Polenta unter Rühren in die Gemüsebrühe und lass sie für 1 Minute ruhen. Kurz umrühren und erneut für 10 Minuten bei 100°C in den Dampfgarer geben.
3. Die fertige Polenta 5 Minuten zugedeckt ruhen lassen.
4. Hacke den Majoran und die Petersilie klein. Teile die Polenta in zwei Schalen auf und rühre in die eine den Käse und in die andere Polenta den Lauch, die Kräuter und die Butter rein.

Nudeln mit Brokkoli und Gorgonzola

Zubereitungszeit: 15 Minuten
Portionen: 2
Nährwerte pro Portion: 266 kcal, 8 g Kohlenhydrate, 27 g Eiweiß, 11 g Fett

Zutaten:

- 200 g Brokkoli
- 200 g Nudeln
- 100 ml Sahne
- 100 g Gorgonzola
- 50 g Parmesan
- Eine Prise Salz
- Eine Prise Pfeffer

Zubereitung:

1. Gare die Pasta nach Packungsbeilage.
2. Teile den Brokkoli in kleine Röschen und gebe ihn für 15 Minuten bei 100°C in den Dampfgarer.
3. Erhitze die Sahne in einem Topf und geben den Gorgonzola in Brösel hinzu. Würze das Ganzc mit Salz und Pfeffer.
4. Füge nun die Nudeln, den Brokkoli und die Sauce zusammen und garniere alles mit Parmesan.

Romanesco mit Käsesauce

Zubereitungszeit: 20 Minuten
Portionen: 2
Nährwerte pro Portion: 278 kcal, 8 g Kohlenhydrate, 25 g Eiweiß, 17 g Fett

Zutaten:

- 1 Romanesco
- 125 ml Milch
- 50 g geriebener Gouda
- 50 g geriebener Parmesan
- Eine Prise Muskatnuss
- Eine Prise Salz
- Eine Prise Pfeffer

Zubereitung:

1. Wasche den Romanesco und Teile ihn in kleine Röschen.
2. Gebe ihn in einem ungelochten Garbehälter für 15 Minuten bei 100°C in den Dampfgarer.
3. Die Milch in einem Topf erhitzen, Gouda und Parmesan zugeben und verrühren, bis sich der Käse auflöst. Mit Pfeffer, Muskatnuss und Salz würzen.
4. Den Romanesco mit der Käsesauce anrichten.

Gemüse Risotto

Zubereitungszeit: 35 Minuten
Portionen: 2
Nährwerte pro Portion: 287 kcal, 50 g Kohlenhydrate, 8,1 g Eiweiß, 5,4 g Fett

Zutaten:

- 200 ml Gemüsebrühe
- 100 g Risotto Reis
- 2 Möhren
- 2 Tomaten
- 1 rote Paprika
- 1 Zwiebel
- 1 EL Butter
- Eine Prise Muskat
- Eine Prise Pfeffer

Zubereitung:

1. Schäle die Zwiebel und hacke sie klein.
2. Wasche und trockne das Gemüse. Schneide es anschließend in mundgerechte Stücke.
3. Gebe nun den Risotto Reis mit der Brühe und den Gewürzen in einem ungelochten Garbehälter für 30 Minuten bei 100°C in den Dampfgarer. Rühre von Zeit zu Zeit um.
4. Füge 10 Minuten vor Ablauf der Zeit das Gemüse zu dem Risotto Reis hinzu.

Kartoffelknödel

Zubereitungszeit: 40 Minuten
Portionen: 2
Nährwerte pro Portion: 373 kcal, 60,5 g Kohlenhydrate, 6,3 g Eiweiß, 10,6 g Fett

Zutaten:

- 300 g Kartoffeln
- 40 g Kartoffelstärke
- 1 Ei
- 1 EL Butter
- Eine Prise Muskat
- Eine Prise Pfeffer
- Eine Prise Salz

Zubereitung:

1. Wasche die Kartoffeln, schäle und gare sie bei 100°C für 20 Minuten in einem gelochten Garbehälter.
2. Vermische die gegarten Kartoffeln mit den restlichen Zutaten und forme aus der Masse 4 Knödel.
3. Gebe die Knödel für 15 Minuten bei 100°C in einem gelochten Garbehälter in den Dampfgarer.

Gefüllte Tomaten

Zubereitungszeit: 15 Minuten
Portionen: 2
Nährwerte pro Portion: 81 kcal, 3,1 g Kohlenhydrate, 5,4 g Eiweiß, 4,9 g Fett

Zutaten:

- 4 Tomaten
- 50 g Feta
- 1 EL gehackter Basilikum
- 1 kleine Knoblauchzehe
- Eine Prise Salz
- Eine Prise Pfeffer

Zubereitung:

1. Wasche die Tomaten und schneide sie in Hälften. Entferne die Kerne aus der Tomate.
2. Schäle und hacke den Knoblauch und vermische ihn mit den restlichen Zutaten zu einer Paste mit der du die Tomaten befüllst.
3. Gebe die Tomaten in einem gelochten Garbehälter bei 80°C für 10 Minuten in den Dampfgarer.

Gefüllte Champignons

Zubereitungszeit: 20 Minuten
Portionen: 2
Nährwerte pro Portion: 589 kcal, 8,1 g Kohlenhydrate, 35 g Eiweiß, 45 g Fett

Zutaten:

- 500 g Champignons
- 200 g geriebener Käse
- 200 ml Schmand
- 1 Frühlingszwiebel
- 1 EL gehackte Petersilie
- Eine Prise Salz
- Eine Prise Pfeffer

Zubereitung:

1. Reinige die Pilze und entferne die Stiele.
2. Hacke die Frühlingszwiebel klein und vermische sie mit den restlichen Zutaten.
3. Befülle die Pilze mit der Mischung.
4. Gebe die gefüllten Pilze bei 100°C in einem gelochten Garbehälter für 15 Minuten in den Dampfgarer.

Risotto mit Mais und Zucchini

Zubereitungszeit: 45 Minuten
Portionen: 2
Nährwerte pro Portion: 458 kcal, 67 g Kohlenhydrate, 12 g Eiweiß, 14 g Fett

Zutaten:

- 150 g Risotto Reis
- 200 ml Wasser
- 200 ml Gemüsebrühe
- 100 g Zucchini
- 100 g Mais
- 1 kleine Zwiebel
- 50 g Kürbiskerne
- 1 EL gehackte Petersilie

Zubereitung:

1. Gebe den Reis mit dem Wasser und der Gemüsebrühe bei 100°C in einem ungelochten Garbehälter für 30 Minuten in den Dampfgarer.
2. Wasche die Zucchini und hoble sie in feine Streifen.
3. Schäle die Zwiebel und schneide sie in feine Würfel.
4. Gebe den Mais, die Zwiebel und die Zucchini die letzten 10 Minuten der Garzeit mit in den Behälter.
5. Garniere das fertige Risotto mit Kürbiskernen und Petersilie.

Gemüsenudeln mit Mozzarella

Zubereitungszeit: 15 Minuten
Portionen: 2
Nährwerte pro Portion: 232 kcal, 4 g Kohlenhydrate, 21,5 g Eiweiß, 13 g Fett

Zutaten:

- 5 Möhren
- 1 kleine Zucchini
- 100 ml Gemüsebrühe
- 100 g geriebener Mozzarella
- 50 g geriebener Parmesan
- 1 EL gehackte Petersilie
- Eine Prise Salz
- Eine Prise Pfeffer
- Ein Spiralschneider

Zubereitung:

1. Schneide die Möhren und die Zucchini mit dem Spiralschneider in feine Nudeln.
2. Gebe die Nudeln mit der Gemüsebrühe, der Petersilie und den Gewürzen für 5-10 Minuten (je nach Dicke der Nudeln) bei 100°C in einem ungelochten Garbehälter in den Dampfgarer.
3. Garniere die Nudeln vor dem Servieren mit dem Käse.

Risotto mit Steinpilzen

Zubereitungszeit: 35 Minuten
Portionen: 2
Nährwerte pro Portion: 500 kcal, 71 g Kohlenhydrate, 17 g Eiweiß, 8 g Fett

Zutaten:

- 175 g Risotto-Reis
- 150 ml Weißwein
- 150 ml Gemüsebrühe
- 150 g Steinpilze
- 50 g geriebener Parmesan
- 1 Knoblauchzehe
- 1 EL gehackte Petersilie
- Eine Prise Salz
- Eine Prise Pfeffer

Zubereitung:

1. Gebe den Risotto-Reis zusammen mit der Brühe und dem Weißwein in einem ungelochten Behälter bei 100°C für 15 Minuten in den Dampfgarer.
2. Hacke den Knoblauch fein, reinige und schneide die Pilze in feine Scheiben.
3. Gebe nach der Garzeit die Pilze und den Knoblauch in den Garbehälter und gebe das Risotto für weitere 15 Minuten bei 100°C in den Dampfgarer.
4. Garniere das Pilz-Risotto mit Parmesan und Petersilie.

Lasagne mit Spinat und Schafskäse

Zubereitungszeit: 1 Stunde
Portionen: 2
Nährwerte pro Portion: 77 kcal, 4 g Kohlenhydrate, 7 g Eiweiß, 3,5 g Fett

Zutaten:

- 500 g Blattspinat
- 2 Tomaten, gewürfelt
- 1 Zwiebel, gewürfelt
- 1 Ei
- 1 Knoblauchzehe, gehackt
- 175 ml Sahne
- 150 g Feta
- 10 Lasagneplatten
- 1 TL Olivenöl
- Eine Prise Salz
- Eine Prise Pfeffer

Zubereitung:

1. Vermische den Blattspinat mit dem gehackten Knoblauch, der Sahne, dem Ei, der Hälfte des Fetas, der gewürfelten Zwiebel, der Tomaten und den Gewürzen.
2. Fette einen ungelochten Garbehälter mit dem Olivenöl ein und schichte abwechselnd Lasagneplatten und Spinatmasse bis die Zutaten leer sind.
3. Gebe den Rest des Schafskäses in feinen Scheiben oder Bröseln auf die Lasagne und gebe sie bei 100°C für 45 Minuten in den Dampfgarer.

Kartoffeln mit Mangold

Zubereitungszeit: 35 Minuten
Portionen: 2
Nährwerte pro Portion: 234 kcal, 20 g Kohlenhydrate, 10 g Eiweiß, 11,8 g Fett

Zutaten:

- 200 g Kartoffeln
- 200 g Mangold
- 200 ml Gemüsebrühe
- 50 g Feta
- 1 EL Olivenöl
- Eine Prise Pfeffer

Zubereitung:

1. Schäle die Kartoffeln und schneide sie in Achtel.
2. Gebe die Kartoffeln mit der Hälfte der Gemüsebrühe in einem ungelochten Garbehälter für 10 Minuten bei 100°C in den Dampfgarer.
3. Säubere und schneide den Mangold, gebe ihn anschließend mit der restlichen Brühe und dem Olivenöl für 5 Minuten bei 100°C in einem ungelochten Garbehälter in den Dampfgarer.
4. Vermische die Kartoffeln mit dem Feta und den Gewürzen zu einer homogenen Masse und serviere sie mit dem Mangold.

Sommerrollen mit Gemüse

Zubereitungszeit: 40 Minuten
Portionen: 2
Nährwerte pro Portion: 43 kcal, 8,7 g Kohlenhydrate, 1,2 g Eiweiß, 1 g Fett

Zutaten:

- 6 Blätter Reispapier
- 30 g Reisnudeln
- 2 Möhren
- 2 Frühlingszwiebeln
- 25 g Sojasprossen
- 1 EL gehackter Thai-Basilikum
- 1 TL Chilisauce

Zubereitung:

1. Schäle die Möhren und rasple sie.
2. Schneide die Frühlingszwiebel in feine Ringe.
3. Wasche die Sprossen und lasse sie abtropfen.
4. Übergieße die Reisnudeln mit kochendem Wasser und lasse sie fünf Minuten ziehen.
5. Lege das Reispapier für 2 Minuten zwischen zwei feuchte Küchentücher.
6. Vermische das Gemüse, das Thai-Basilikum und die Chilisauce. Verteile die Mischung gleichmäßig auf die Reispapiere auf.
7. Rolle das Reispapier und klappe es oben feste zu. Gebe die Rollen für 5 Minuten in einem gelochten Gareinsatz bei 100°C in den Dampfgarer.
8. Serviere die Reisnudeln mit den Gemüserollen.

Gemüse mit Mango Dip

Zubereitungszeit: 50 Minuten
Portionen: 2
Nährwerte pro Portion: 96 kcal, 17,9 g Kohlenhydrate, 4,2 g Eiweiß, 1 g Fett

Zutaten:

- 150 g Griechischer Joghurt
- 8 Kartoffeln
- 2 Möhren
- ½ Mango
- 1 EL gehackte Minze
- 1 TL Honig
- 1 TL Olivenöl
- 1 TL Zitronensaft
- Eine Prise Kardamom
- Eine Prise Chilipulver
- Eine Prise Salz
- Eine Prise Pfeffer

Zubereitung:

1. Schäle die Möhren und die Kartoffeln und schneide sie in mundgerechte Stücke.
2. Vermische den Honig mit den Gewürzen und dem Öl.
3. Mariniere das Gemüse mit der Gewürzpaste und gebe es in einem ungelochten Garbehälter für 20 Minuten bei 100°C in den Dampfgarer.
4. Gebe den Joghurt, die Minze und das Fleisch der Mango in einen Hochleistungsmixer und püriere alles zu einer sämigen Masse.
5. Serviere das Gemüse mit dem Mango-Dip.

Spitzkohl-Reis-Bällchen

Zubereitungszeit: 35 Minuten
Portionen: 2
Nährwerte pro Portion: 139 kcal, 13 g Kohlenhydrate, 10 g Eiweiß, 6,1 g Fett

Zutaten:

- 4 große Blätter Spitzkohl
- 100 g Reis
- 100 ml Wasser
- 25 g gehackte Mandeln
- Eine Prise Salz
- Eine Prise Pfeffer
- Zahnstocher

Zubereitung:

1. Gebe den Reis mit dem Wasser und einer Prise Salz für 20 Minuten in einem ungelochten Garbehälter bei 100°C in den Dampfgarer.
2. Gebe die gesäuberten Spitzkohlblätter in einem gelochten Garbehälter für 2 Minuten bei 100°C in den Dampfgarer.
3. Mische den Reis mit dem Pfeffer und den Mandeln und verteile die Mischung gleichmäßig auf die Spitzkohlblätter.
4. Rolle die Spitzkohlblätter zu kleinen Paketen und fixiere sie gegebenenfalls mit kleinen Zahnstochern.
5. Gebe die Wirsing-Pakete für 5 Minuten bei 100°C in einem gelochten Garbehälter in den Dampfgarer.

Couscous mit Gemüse

Zubereitungszeit: 40 Minuten
Portionen: 2
Nährwerte pro Portion: 176 kcal, 22 g Kohlenhydrate, 6 g Eiweiß, 4 g Fett

Zutaten:

- 150 g Karotten
- 300 g Couscous
- 200 g Zucchini
- 150 g Kohlrabi
- 2 Paprika
- 3 EL Sojasauce
- Salz
- Pfeffer
- Petersilie, gehackt

Zubereitung:

1. Die Paprika waschen, putzen und in kleine Stücke schneiden, dabei das Kerngehäuse entfernen. Den Kohlrabi waschen und kleinschneiden. Die Karotten und Zucchini schälen und in dünne Scheiben schneiden.
2. Nun den Couscous mit Wasser und etwas Salz und Pfeffer in einen Reisbehälter geben und für 10 Minuten dämpfen lassen.
3. Das Gemüse mit der Sojasauce verrühren und ebenfalls für 10 Minuten in den Dampfgarer geben.
4. Nach Ende der 10 Minuten Gemüse und Couscous vermischen, mit Salz, Pfeffer und der Petersilie bestreuen und servieren.

Gemüse

Würzige Kartoffeln

Zubereitungszeit: 45 Minuten
Portionen: 2
Nährwerte pro Portion: 194 kcal, 17 g Kohlenhydrate, 2,1 g Eiweiß, 8,2g Fett

Zutaten:

- 300 g Kartoffeln
- 2 EL Butter
- 1 EL gehackte Petersilie
- 1 EL gehackter Thymian
- Eine Prise Salz
- Eine Prise Pfeffer

Zubereitung:

1. Wasche die Kartoffeln und trockne sie gut ab.
2. Gebe die Kartoffeln mit der Hälfte der Kräuter für 25 Minuten bei 100°C in einen gelochten Garbehälter in den Dampfgarer.
3. Vermische in der Zwischenzeit die restlichen Zutaten zu einer Kräuterbutter.
4. Schneide die Kartoffeln nach dem Garen ein und gebe die Kräuterbutter auf die Kartoffeln.

Spargel mit Erdbeeren

Zubereitungszeit: 25 Minuten
Portionen: 2
Nährwerte pro Portion: 172 kcal, 4,7 g Kohlenhydrate, 2,3 g Eiweiß, 15,3 g Fett

Zutaten:

- 200 g weißer Spargel
- 100 g Erdbeeren
- 1 kleine Frühlingszwiebel
- 1 EL Olivenöl
- 1 TL Essig
- Eine Prise Salz
- Eine Prise Pfeffer

Zubereitung:

1. Schäle den Spargel und schneide die harten Enden ab. Gebe ihn bei 100°C in einem gelochten Garbehälter für 15 Minuten in den Dampfgarer.
2. Wasche die Erdbeeren, entferne den Strunk und schneide sie in Achtel.
3. Schneide dir Frühlingszwiebel in feine Ringe.
4. Vermische das Olivenöl, den Essig und die Gewürze.
5. Gebe den Spargel mit den Erdbeeren und den Frühlingszwiebeln auf zwei Teller und garniere alles mit dem Dressing.

Schmorgurken

Zubereitungszeit: 25 Minuten
Portionen: 2
Nährwerte pro Portion: 94 kcal, 19 g Kohlenhydrate, 4 g Eiweiß, 1 g Fett

Zutaten:

- 200 g Kartoffeln
- 100 g Gurke
- 50 ml Gemüsebrühe
- 50 ml Magerjoghurt
- 1 EL gehackter Dill
- Eine Prise Pfeffer
- Eine Prise Salz

Zubereitung:

1. Schäle die Gurke, schneide sie längs durch und entkerne sie. Anschließend würfeln.
2. Schäle die Kartoffeln und schneide sie in kleine Würfel.
3. Gebe die Kartoffel und die Gurke mit der Gemüsebrühe, etwas Salz und Pfeffer in einem ungelochten Garbehälter bei 100°C für 15 Minuten in den Dampfgarer.
4. Gieße anschließend den Saft ab und rühre den Joghurt ein. Garniere das Gemüse mit den Dillspitzen.

Ratatouille

Zubereitungszeit: 25 Minuten
Portionen: 2
Nährwerte pro Portion: 175 kcal, 24 g Kohlenhydrate, 7,6 g Eiweiß, 1,2 g Fett

Zutaten:

- 200 g Tomaten
- 1 kleine Aubergine
- 1 kleine Zucchini
- 1 gelbe Paprika
- 1 Knoblauchzehe
- 1 Zwiebel
- 3 EL Tomatenmark
- 1 TL Tabasco
- Eine Prise Salz
- Eine Prise Pfeffer

Zubereitung:

1. Schäle und hackc dcn Knoblauch und die Zwiebel in kleine Stücke.
2. Wasche und trockne die Paprika, die Aubergine, die Tomaten und die Zucchini. Schneide sie anschließend in mundgerechte Stücke.
3. Mische das Gemüse mit den restlichen Zutaten in einer großen Schüssel gut durch und gebe die Mischung anschließend für 15 Minuten bei 100°C in einem gelochten Garbehälter in den Dampfgarer.

Süßkartoffeln mit Dip

Zubereitungszeit: 55 Minuten
Portionen: 2
Nährwerte pro Portion: 559 kcal, 62 g Kohlenhydrate, 7 g Eiweiß, 26 g Fett

Zutaten:

- 500 g Süßkartoffeln
- 200 ml Schmand
- 1 EL Olivenöl
- 1 Knoblauchzehe, gepresst
- 2 EL gehackte Kräuter, gemischt
- Eine Prise Salz
- Eine Prise Pfeffer

Zubereitung:

1. Schäle die Kartoffeln und schneide sie in Spalten.
2. Bestreiche einen Gareinsatz mit dem Olivenöl und gebe die Kartoffeln hinein.
3. Gare die Kartoffeln bei 100°C für mindestens 35 Minuten im Dampfgarer.
4. Vermische den Schmand mit dem gepressten Knoblauch, den Kräutern und Gewürzen.
5. Serviere die Kartoffelspalten mit dem Dip.

Kürbis überbacken

Zubereitungszeit: 35 Minuten
Portionen: 2
Nährwerte pro Portion: 664 kcal, 83 g Kohlenhydrate, 7 g Eiweiß, 20 g Fett

Zutaten:

- 50 g Gorgonzola
- 50 g Mascarpone
- 2 Hokkaido Kürbisse, klein
- ½ EL Kürbiskerne
- ½ EL Gewürze nach Wahl

Zubereitung:

1. Die Kürbisse halbieren, die Kerne herauslöffeln und anschließend für 10 Minuten Dampfgaren.
2. Den Gorgonzola zerbröseln und mit der Mascarpone und den Gewürzen (Salz, Pfeffer) vermischen.
3. Die cremige Käsemischung über die Kürbisse verteilen und diese für 10 Minuten bei 200°C dampfgaren lassen.
4. Zum Schluss nach Belieben mit Kürbiskernen und Kräutern dekorieren.

Blumenkohl mit Paprika-Dip

Zubereitungszeit: 30 Minuten
Portionen: 2
Nährwerte pro Portion: 143 kcal, 11 g Kohlenhydrate, 5 g Eiweiß, 8 g Fett

Zutaten:

- 1 kleiner Blumenkohl
- 1 Zitrone
- 1 rote Paprika
- 1 Schalotte
- 50 ml Gemüsebrühe
- 1 TL Olivenöl
- Eine Prise Salz
- Eine Prise Pfeffer

Zubereitung:

1. Wasche den Blumenkohl und Teile ihn in Röschen.
2. Wasche die Zitrone heiß ab und schneide die Schale mit einem Sparschäler dünn ab.
3. Gebe die Zitronenschale und eine Prise Salz in das Wasser des Dampfgarers und gebe den Blumenkohl in einem gelochten Garbehälter bei 100°C für 20 Minuten in den Dampfgarer.
4. Wasche, entkerne und schneide in der Zwischenzeit die Paprika in feine Streifen, schäle die Schalotte und schneide sie in kleine Würfel.
5. Gebe die Brühe, die Paprika und die Schalotte in einem ungelochten Garbehälter bei 100°C für 10 Minuten in den Dampfgarer.
6. Püriere die Paprikamasse anschließend und schmecke sie mit dem Öl und Gewürzen ab.
7. Serviere den Blumenkohl mit dem Paprika-Dip.

In Weißwein gedämpfte Zuckerschoten

Zubereitungszeit: 15 Minuten
Portionen: 2
Nährwerte pro Portion: 164 kcal, 12 g Kohlenhydrate, 7 g Eiweiß, 1 g Fett

Zutaten:

- 200 g Zuckerschoten
- 100 ml Weißwein
- Eine Prise Salz

Zubereitung:

1. Gebe den Weißwein ins Wasser des Dampfgarers.
2. Zuckerschoten entfädeln und die harten Enden abknipsen.
3. Gebe die Zuckerschoten in einem gelochten Garbehälter für 10 Minuten bei 100°C in den Dampfgarer.

Scharfer Mais mit Tomaten

Zubereitungszeit: 25 Minuten
Portionen: 2
Nährwerte pro Portion: 488 kcal, 17 g Kohlenhydrate, 4 g Eiweiß, 16 g Fett

Zutaten:

- 1 Dose Mais
- 1 Knoblauchzehe
- 1 Tomate
- 1 Frühlingszwiebel
- 3 Scheiben Zitrone
- 1 EL Olivenöl
- Eine Prise Chili
- Eine Prise Salz

Zubereitung:

1. Schäle den Knoblauch und presse ihn. Vermische ihn anschließend mit den Gewürzen und dem Olivenöl zu einer Paste.
2. Wasche die Tomate, schneide sie in spalten und die Frühlingszwiebel in feine Ringe. Mische beides mit dem Mais und der Gewürzpaste.
3. Gebe die Zitronenscheiben ins Wasser des Dampfgarers.
4. Gebe die Gemüsemischung in einem gelochten Garbehälter bei 100°C mindestens 15 Minuten in den Dampfgarer.

Mangold mit Zitrone

Zubereitungszeit: 20 Minuten
Portionen: 2
Nährwerte pro Portion: 110 kcal, 8 g Kohlenhydrate, 3,5 g Eiweiß, 1 g Fett

Zutaten:

- 200 g Mangold
- 1 Zwiebel
- 5 Zitronen Scheiben
- 1 EL Zitronensaft
- Eine Prise Salz
- Eine Prise Pfeffer

Zubereitung:

1. Wasche, trockne und schneide den Mangold in feine Streifen und würze ihn.
2. Schäle die Zwiebel und schneide sie in kleine Stücke.
3. Gebe die Zitronenscheiben ins Wasser des Dampfgarers.
4. Gebe den Mangold und die Zwiebel in einem ungelochten Garbehälter bei 100°C für 15 Minuten in den Dampfgarer.
5. Beträufle den fertigen Mangold mit Zitronensaft.

Scharfe Zucchini

Zubereitungszeit: 25 Minuten
Portionen: 2
Nährwerte pro Portion: 367 kcal, 13 g Kohlenhydrate, 27,5 g Eiweiß, 21 g Fett

Zutaten:

- 1 kleine Zucchini
- 1 Knoblauchzehe
- Eine Prise Chilipulver
- Eine Prise Paprikapulver
- Eine Prise Salz
- Eine Prise Pfeffer

Zubereitung:

1. Wasche die Zucchini und schneide sie in Stifte.
2. Schäle und hacke die Knoblauchzehe.
3. Vermische alle Zutaten in einer Schüssel und gebe die Mischung anschließend in einem gelochten Garbehälter für 20 Minuten bei 60°C in den Dampfgarer.

Möhrengemüse

Zubereitungszeit: 20 Minuten
Portionen: 2
Nährwerte pro Portion: 96 kcal, 17,9 g Kohlenhydrate, 4,2 g Eiweiß, 1 g Fett

Zutaten:

- 200 g Möhren
- 1 Zwiebel
- 1 EL Olivenöl
- Eine Prise Salz
- Eine Prise Pfeffer

Zubereitung:

1. Schäle die Möhren und die Zwiebel und schneide sie in feine Scheiben.
2. Gebe das Gemüse mit dem Olivenöl und den Gewürzen in einem gelochten Garbehälter bei 100°C für 15 Minuten in den Dampfgarer.

Spinat mit Knoblauch

Zubereitungszeit: 15 Minuten
Portionen: 2
Nährwerte pro Portion: 30 kcal, 2 g Kohlenhydrate, 1 g Eiweiß, 1 g Fett

Zutaten:

- 300 g Blattspinat
- 1 Knoblauchzehe
- ½ TL Currypulver
- ½ TL Kurkuma
- Eine Prise Salz
- Eine Prise Pfeffer

Zubereitung:

1. Gebe die Gewürze ins Wasser des Dampfgarers.
2. Wasche den Blattspinat und tropfe ihn ab.
3. Schäle den Knoblauch und presse ihn. Gebe ihn anschließend zum Blattspinat und gebe eine Prise Salz darüber.
4. Gebe das Gemüse in einem gelochten Garbehälter für 5 Minuten bei 100°C in den Dampfgarer.

Würzige Tomaten

Zubereitungszeit: 15 Minuten
Portionen: 2
Nährwerte pro Portion: 61 kcal, 5 g Kohlenhydrate, 2 g Eiweiß, 1 g Fett

Zutaten:

- 300 g Tomaten
- 1 Knoblauchzehe
- ½ TL Chilipulver
- Eine Prise Salz
- Eine Prise Pfeffer

Zubereitung:

1. Wasche die Tomaten und schneide sie in Viertel.
2. Schäle und Presse den Knoblauch und vermische ihn mit den Gewürzen.
3. Mische die Tomaten mit der Gewürzpaste und gebe sie in einem gelochten Garbehälter bei 100°C für 10 Minuten in den Dampfgarer.

Wirsinggemüse

Zubereitungszeit: 35 Minuten
Portionen: 2
Nährwerte pro Portion: 172 kcal, 15 g Kohlenhydrate, 4,5 g Eiweiß, 1 g Fett

Zutaten:

- 1 Wirsing
- 1 Zwiebel
- 2 TL Senf
- Eine Prise Salz
- Eine Prise Pfeffer

Zubereitung:

1. Wasche und schneide den Wirsing in Streifen und würze ihn mit Salz und Pfeffer.
2. Schäle und schneide die Zwiebel in feine Würfel.
3. Gebe den Wirsing in einem ungelochten Garbehälter für 30 Minuten bei 100°C in den Dampfgarer.
4. Gebe die Zwiebel 15 Minuten vor Ablauf der Zeit zu dem Wirsing.
5. Serviere den Wirsing und Zwiebel mit dem Senf.

Apfelrotkohl

Zubereitungszeit: 50 Minuten
Portionen: 2
Nährwerte pro Portion: 268 kcal, 25 g Kohlenhydrate, 4 g Eiweiß, 1 g Fett

Zutaten:

- ½ Rotkohl
- 1 Zwiebel
- 1 Apfel
- 1 Lorbeerblatt
- 1 EL Essig
- 1 EL Honig
- ½ TL Nelken
- Eine Prise Salz

Zubereitung:

1. Wasche den Rotkohl, entferne den Strunk und schneide ihn in feine Streifen.
2. Schäle die Zwiebel und hacke sie fein.
3. Wasche, schäle und schneide den Apfel in feine Würfel.
4. Gebe alle Zutaten bis auf den Essig und Salz in eine Schüssel und vermische sie kräftig.
5. Gebe die Mischung in einem ungelochten Garbehälter bei 100°C für 45 Minuten in den Dampfgarer.
6. Schmecke alles mit Essig und Salz ab.

Asiatischer Gemüsemix

Zubereitungszeit: 15 Minuten
Portionen: 2
Nährwerte pro Portion: 142 kcal, 5 g Kohlenhydrate, 4,5 g Eiweiß, 3 g Fett

Zutaten:

- 1 Pck. Choi
- 2 Möhren
- 50 g Zuckerschoten
- 25 g Sojasprossen
- 1 EL Sojasauce
- 1 EL Sesamöl
- 1 TL gehackter Koriander
- Eine Prise Chilipulver
- Eine Prise Pfeffer

Zubereitung:

1. Wasche das Gemüse und schneide es in feine Streifen.
2. Mische die Sojasauce, das Sesamöl, die Kräuter und die Gewürze zu einer Gewürzmischung mit der du das Gemüse vermischst.
3. Gebe das Gemüse für 10-15 Minuten bei 100°C in einem gelochten Garbehälter in dcn Dampfgarer.

Grüner Spargel mit rotem Pesto

Zubereitungszeit: 20 Minuten
Portionen: 2
Nährwerte pro Portion: 168 kcal, 7 g Kohlenhydrate, 6 g Eiweiß, 3 g Fett

Zutaten:

- 300 g grüner Spargel
- 50 g Bärlauch
- 25 g Pinienkerne
- 2 EL Pesto
- 1 EL Olivenöl
- Eine Prise Salz
- Eine Prise Pfeffer

Zubereitung:

1. Schäle den Spargel und schneide die harten Enden ab.
2. Hacke den Bärlauch und vermische ihn mit dem Olivenöl, dem Pesto und den Gewürzen.
3. Reibe den Spargel mit der Gewürzpaste ein und gebe ihn für 12 Minuten in einem gelochten Garbehälter bei 100°C in den Dampfgarer.
4. Röste die Pinienkerne kurz auf einer heißen Pfanne ohne Öl an und garniere damit die den Spargel.

Scharfe Kartoffelspalten

Zubereitungszeit: 30 Minuten
Portionen: 2
Nährwerte pro Portion: 250 kcal, 17 g Kohlenhydrate, 2 g Eiweiß, 5 g Fett

Zutaten:

- 200 g Kartoffeln
- 1 EL Olivenöl
- 1 EL Tomatenmark
- ½ TL Curry
- ½ TL Chilipulver
- Eine Prise Salz
- Eine Prise Pfeffer

Zubereitung:

1. Schäle die Kartoffeln und schneide sie in Achtel.
2. Vermische die Gewürze mit dem Olivenöl, Tomatenmark und mariniere die Kartoffeln mit der Gewürzmischung.
3. Gebe die Kartoffeln für 20 Minuten bei 100°C in einem gelochten Garbehälter in den Dampfgarer.

Maiskolben

Zubereitungszeit: 20 Minuten
Portionen: 2
Nährwerte pro Portion: 178 kcal, 32 g Kohlenhydrate, 6 g Eiweiß, 2 g Fett

Zutaten:

- 2 Maiskolben
- 1 EL Olivenöl
- 1 Prise Currypulver
- Eine Prise Salz
- Eine Prise Pfeffer

Zubereitung:

1. Mische das Olivenöl mit den Gewürzen und bestreiche die Maiskolben mit der Paste.
2. Gebe die Maiskolben in einem gelochten Garbehälter bei 100°C für 15 Minuten in den Dampfgarer.

Artischocken mit Knoblauch

Zubereitungszeit: 45 Minuten
Portionen: 2
Nährwerte pro Portion: 363 kcal, 8 g Kohlenhydrate, 2,5 g Eiweiß, 15 g Fett

Zutaten:

- 2 Artischocken
- 1 Knoblauchzehe
- 2 EL Olivenöl
- Eine Prise Paprikapulver
- Eine Prise Salz
- Eine Prise Pfeffer

Zubereitung:

1. Schneide die Artischocken am Boden glatt und kürze die Blätter um ein Drittel.
2. Schäle und presse den Knoblauch. Vermische ihn anschließend mit dem Olivenöl und den Gewürzen.
3. Bestreiche mit der Paste die Artischocken und gebe sie anschließend in einem gelochten Garbehälter bei 100°C für 40 Minuten in den Dampfgarer.

Brokkoli-Gemüse mit Cashewkern-Dressing

Zubereitungszeit: 25 Minuten
Portionen: 2
Nährwerte pro Portion: 475 kcal, 39 g Kohlenhydrate, 6 g Eiweiß, 24 g Fett

Zutaten:

- 1 Zwiebel
- 600 g Brokkoli
- 30 g getrocknete Cranberries
- 25 g Koriander
- 2 EL Cashewkerne
- 2 EL Sonnenblumenkerne

Zutaten Dressing:

- 6 EL Wasser
- 110 g Cashewkerne
- 4 TL Currypulver
- 1 EL Apfelessig
- 2 TL Agavendicksaft
- Salz und Pfeffer

Zubereitung:

1. Bedecke für das Dressing die Cashewkerne mit Wasser und lasse sie über Nacht stehen. Gebe am nächsten Tag alle Zutaten für das Dressing in einen Mixer und püriere Sie zu einer cremigen Masse.
2. Wasche und putze den Brokkoli und schneide ihn in Röschen. Gebe ihn anschließend für 15-20 Minuten in den Dampfgarer.
3. Schneide die Zwiebel in kleine Würfel. Wasche den Koriander und hacke ihn fein.
4. Mische den Brokkoli mit der Zwiebel, dem Koriander, Dressing und den Cranberries zusammen und lasse alles für ca. 60 Minuten ziehen.
5. Garniere das Gemüse zum Schluss mit den restlichen Cashew- und Sonnenblumenkernen.

Brokkoli mit Kräutermarinade

Zubereitungszeit: 25 Minuten
Portionen: 2
Nährwerte pro Portion: 30 kcal, 3 g Kohlenhydrate, 4 g Eiweiß, 1 g Fett

Zutaten:

- 1 Brokkoli
- 1 Zitrone
- 1 EL Sojasauce
- Eine Prise Pfeffer

Zubereitung:

1. Wasche den Brokkoli und Teile ihn in kleine Röschen. Vermische die Röschen mit der Sojasauce und dem Pfeffer in einer Schüssel.
2. Wasche die Zitrone heiß ab und schneide mit dem Sparschäler die Schale ab. Gebe diese Schale ins Wasser des Dampfgarers.
3. Gebe den Brokkoli in einem gelochten Garbehälter bei 100°C für 20 Minuten in den Dampfgarer.

Bohnengemüse

Zubereitungszeit: 25 Minuten
Portionen: 2
Nährwerte pro Portion: 259 kcal, 7 g Kohlenhydrate, 4 g Eiweiß, 24 g Fett

Zutaten:

- 200 g grüne Bohnen
- 1 Tomate
- 1 kleine Zwiebel
- 100 ml Gemüsebrühe
- 50 ml Sahne
- 1 kleine Zwiebel
- 1 EL gehackte Petersilie
- 1 EL Olivenöl
- Eine Prise Pfeffer

Zubereitung:

1. Wasche die Bohnen und schneide die harten Enden ab.
2. Wasche die Tomate ebenfalls und schneide sie in feine scheiben.
3. Schäle die Zwiebel und hacke sie fein.
4. Gebe nun alle Zutaten in einem ungelochten Garbehälter bei 100°C für 20 Minuten in den Dampfgarer.

Würziger Blumenkohl mit Tomaten

Zubereitungszeit: 30 Minuten
Portionen: 2
Nährwerte pro Portion: 128 kcal, 8 g Kohlenhydrate, 4,5 g Eiweiß, 8 g Fett

Zutaten:

- 2 Tomaten
- 1 Blumenkohl
- 1 kleine Zwiebel
- 2 EL Tomatenmark
- 1 EL Olivenöl
- ½ TL Curry
- ½ TL Chilipulver
- Eine Prise Salz
- Eine Prise Pfeffer

Zubereitung:

1. Wasche die Tomaten und den Blumenkohl, teile den Blumenkohl in kleine Röschen und viertel die Tomate.
2. Schäle die Zwiebel und hacke sie fein.
3. Mische die Zwiebel mit dem Öl, dem Tomatenmark und den Gewürzen.
4. Streiche den Blumenkohl mit der Gewürzmischung ein und gebe ihn mit den Tomaten in einem ungelochten Garbehälter bei 100°C für 20 Minuten in den Dampfgarer.

Süßspeisen

Bananen mit Zimt und Zucker

Zubereitungszeit: 20 Minuten
Portionen: 2
Nährwerte pro Portion: 444 kcal, 87 g Kohlenhydrate, 8,5 g Eiweiß, 5 g Fett

Zutaten:

- 50 g Paniermehl
- 5 g Speisestärke
- 4 Bananen, halbiert
- 2 Eier
- 2 EL Butter
- 2 EL Rohrzucker
- 1 TL Zimt

Zubereitung:

1. Erhitze zunächst die Butter in einer Pfanne und gebe das Paniermehl hinzu.
2. Mische das Ei dazu und wälze die geschälten und halbierten Bananen in der Mischung
3. Bestreue die Bananen anschließend mit Zimt und Zucker und gebe sie für mindestens 15 Minuten bei 100°C in den Dampfgarer.

Donuts

Zubereitungszeit: 60 Minuten
Portionen: 4
Nährwerte pro Portion: 481 kcal, 65 g Kohlenhydrate, 3,5 g Eiweiß, 11,5 g Fett

Zutaten:

- 200 g Dinkelvollkornmehl
- 100 g Milch
- 100 g Puderzucker
- 20 g Rohrzucker
- 5 EL Butter
- 1 EL Schlagsahne
- 1 Ei
- 1 TL Backpulver
- Lebensmittelfarbe nach Belieben

Zubereitung:

1. Vermische zunächst das Ei mit der Milch und der 2 EL Butter.
2. Mische dann 2 EL Butter, den Rohrzucker und das Mehl in einer Schüssel.
3. Mische anschließend die beiden Massen und Forme Donuts daraus.
4. Gebe die Donuts auf eine gefettete Backform und lasse sie zugedeckt für 30 Minuten gehen. Anschließend für mindestens 25 Minuten bei 100°C in den Dampfgarer geben.
5. Mische nun die restliche Butter mit dem Puderzucker und füge anschließend die Lebensmittelfarbe und die Schlagsahne dazu. Kräftig durchmischen!
6. Glasiere die fertigen Donuts mit der bunten Mischung.

Gedämpfter Kaiserschmarren

Zubereitungszeit: 25 Minuten
Portionen: 2
Nährwerte pro Portion: 245 kcal, 21 g Kohlenhydrate, 13,2 g Eiweiß, 11,3 g Fett

Zutaten:

- 20 g Dinkelvollkornmehl
- 15 EL Naturjoghurt
- 2 Eier
- 2 EL brauner Rohrzucker
- 2 TL Backpulver
- Meersalz
- Puderzucker nach Belieben
- Apfelmus nach Belieben

Zubereitung:

1. Alle Zutaten bis auf den Puderzucker und Apfelmus in einer großen Schüssel zu einer gleichmäßigen Masse verrühren.
2. Den Teig in einen Gareinsatz ohne Löcher geben.
3. Bei 100°C für ungefähr 20 Minuten garen.
4. Mit einer Gabel die Stichfestigkeit überprüfen und gegebenenfalls noch einige Minuten länger garen lassen.
5. Den gedämpften Kaiserschmarren auf zwei Teller verteilen und nach Belieben mit Puderzucker und Apfelmus verfeinern.

Schokosoufflé

Zubereitungszeit: 60 Minuten
Portionen: 4
Nährwerte pro Portion: 482 kcal, 32,5 g Kohlenhydrate, 6,8 g Eiweiß, 24,5 g Fett

Zutaten:

- 100 g Zartbitterschokolade
- 100 g Zartbitter Kuvertüre
- 100 g Rohrzucker
- 30 g Butter
- 3 Eier
- 1 EL Milch
- 1 EL Rapsöl
- 4 hitzebeständige Förmchen

Zubereitung:

1. Gebe die Zartbitter Kuvertüre in eine hitzebeständige Schüssel, bedecke diese mit Alufolie und lasse sie bei 100°C im Dampfgarer schmelzen.
2. Zerlasse in der Zwischenzeit die Butter und gebe sie anschließend zu der gänzlich geschmolzenen Schokolade. Mische die Butter mit der Schokolade und stelle die Mischung beiseite.
3. Schlage das Eidotter schaumig und gebe den Zucker dazu.
4. Schlage danach das Eiweiß zu Eischnee und gebe ihn mit der Milch, der Stärke und dem Eidotter-Mix in der Butter-Schokoladen-Mischung.
5. Die 4 hitzebeständigen Förmchen mit Butter einfetten und mit Zucker bestreuen. Gebe anschließend den Teig hinein und stelle die Förmchen für mindestens 30 Minuten bei 100°C in den Dampfgarer, bis sich das Volumen verdoppelt hat.
6. Gebe in der Zwischenzeit die Schokolade mit dem Rapsöl in eine hitzebeständige Schüssel, decke diese mit Frischhaltefolie ab und lasse sie im Dampfgarer schmelzen.
7. Stürze das fertige abgekühlte Soufflé auf Teller und übergieße es mit der Schokoladensauce.

Milchreis mit Zimt und Zitrone

Zubereitungszeit: 30 Minuten
Portionen: 2
Nährwerte pro Portion: 421,5 kcal, 72,5 g Kohlenhydrate, 12,5 g Eiweiß, 7,7 g Fett

Zutaten:

- 400 ml Milch
- 150 g Milchreis
- 3 EL Rohrzucker
- ½ TL geriebene Zitronenschale
- ½ TL Zimt
- Mark einer Vanilleschote
- Früchte nach Belieben

Zubereitung:

1. Mische alle Zutaten in einer Schüssel und gebe das Gemisch für ungefähr 25 Minuten bei 100°C in den Dampfgarer.
2. Den fertigen Milchreis kannst du nach Belieben mit Früchten garnieren.

Zwetschkenknödel

Zubereitungszeit: 45 Minuten
Portionen: 2
Nährwerte pro Portion: 906 kcal, 121 g Kohlenhydrate, 16,5 g Eiweiß, 31,2 g Fett

Zutaten:

- 500 g Kartoffeln
- 100 g Paniermehl
- 100 g Zwetschken
- 100 g Dinkelvollkornmehl
- 65 g Butter
- 25 g Hartweizengrieß
- Eine Prise Zucker
- 1 Ei
- Eine Prise Meersalz

Zubereitung:

1. Schäle die Kartoffeln und koche sie bis sie weich sind.
2. Wasche die Zwetschken, halbiere und entkerne sie.
3. Zerstampfe die Kartoffeln oder gebe sie durch eine Kartoffelpresse. Vermische sie mit 15 g Butter, dem Ei, dem Salz, dem Mehl und dem Grieß zu einem Teig.
4. Forme aus dem Teig gleichgroße Kugeln, in die du die Zwetschken hineindrückst. Die Zwetschken müssen vom Teig umschlossen sein.
5. Gebe die fertigen Knödel auf ein mit Butter eingefettetes Lochblech und lasse sie ungefähr 20 Minuten bei 100°C garen.
6. Gebe in der Zwischenzeit das Paniermehl mit der restlichen Butter in eine Pfanne und bräune es leicht.
7. Wälze anschließend die fertigen Knödel in den Bröseln und bestreue sie mit Zucker.

Dampfnudel

Zubereitungszeit: 80 Minuten
Portionen: 2
Nährwerte pro Portion: 408 kcal, 66 g Kohlenhydrate, 7 g Eiweiß, 9 g Fett

Zutaten:

- 330 g Mehl
- 20 g Hefe
- 1 EL Zucker
- 1 Ei
- 170 ml Milch
- 27 g Butter
- 1 TL Salz

Zubereitung:

1. Mische alle Zutaten zu einem Teig zusammen. Knete den Teig gut durch und forme ihn zu einen Runden Laib.
2. Wickele den Laib in ein Tuch und gebe ihn für 60 Minuten bei 100°C in den Dampfgarer.

Schokoladen-Muffins

Zubereitungszeit: 35 Minuten
Portionen: 10
Nährwerte pro Portion: 269 kcal, 34,4 g Kohlenhydrate, 2,5 g Eiweiß, 12,7 g Fett

Zutaten:

- 200 g Dinkelvollkornmehl
- 200 g Rohrzucker
- 100 g Butter
- 30 g Schokolade
- 20 ml Milch
- 10 g Kakaopulver
- 2 Eier
- Das Mark einer Vanilleschote
- Meersalz
- Muffinformen, Tassenkuchen-Formen o.ä.

Zubereitung:

1. Vermische alle Zutaten in einer großen Schüssel.
2. Teile den Teig auf deine Förmchen auf und gebe diese für 20 Minuten bei 100°C in den Dampfgarer.

Nussnudeln

Zubereitungszeit: 60 Minuten
Portionen: 2
Nährwerte pro Portion: 587 kcal, 61 g Kohlenhydrate, 16.5 g Eiweiß, 34 g Fett

Zutaten:

- 380 g Kartoffeln
- 2 Eier
- 90 g Walnüsse
- 4 EL Vollkornmehl
- Eine Prise Salz
- 2 EL Puderzucker

Zubereitung:

1. Die Kartoffeln im Ganzen für 25 Minuten bei 100°C Dampfgaren. Anschließend die Schale abreiben und in der Kartoffelpresse zerdrücken.
2. Nun das Mehl mit den Eiern zu der Kartoffelmasse geben, etwas salzen und zu einem nicht ganz festen Teig kneten. Zunächst den Teig zu einer Rolle formen und dann kleine Scheiben abschneiden. Die Scheiben jeweils zu 1 cm dicken Nudeln rollen.
3. Die Nudeln in einen gelochten Garbehälter geben und für 20 Minuten bei 100°C Dampfgaren.
4. Walnüsse und Zucker vermischen und die fertigen Nudeln in dem Gemisch so lange wenden, bis jede Nudel komplett bedeckt ist.

Apfel-Kiwi-Mus

Zubereitungszeit: 25 Minuten
Portionen: 2
Nährwerte pro Portion: 217 kcal, 44 g Kohlenhydrate, 4 g Eiweiß, 2 g Fett

Zutaten:

- 4 Kiwi
- 2 Äpfel
- 1 EL brauner Zucker

Zubereitung:

1. Äpfel schälen, entkernen und in gröbere Stücke schneiden. Die Kiwis schälen und halbieren.
2. Äpfel und Kiwis für 7 Minuten bei 100°C in den Dampfgarer geben. Anschließend in eine Schüssel füllen, den Zucker hinzufügen und alles zu Mus pürieren.

30868661R00085

Printed in Poland
by Amazon Fulfillment
Poland Sp. z o.o., Wrocław